KB043912

학원을 이기는
독학일본어회화 2

지은이 송상엽은 대학에서 일어일문학을 전공하였으며, 강남과 종로 등의 어학원에서 수년간의 일본어 강사 경험을 바탕으로 지금은 일본어 교재 전문기획 프리랜서로 활동하고 있으며 랭컴출판사의 편집위원으로서 일본어 학습서 기획 및 저술 활동에 힘쓰고 있다.

학원을 이기는
독학 일본어회화 2

2024년 4월 20일 개정2판 1쇄 인쇄
2024년 4월 25일 개정2판 1쇄 발행

지은이 송상엽
발행인 손건
편집기획 홍미경, 김상배
마케팅 이언영
디자인 김선옥
제작 최승용
인쇄 선경프린테크

발행처 *LanCom* 랭컴
주소 서울시 영등포구 영신로34길 19
등록번호 제 312-2006-00060호
전화 02) 2636-0895
팩스 02) 2636-0896
홈페이지 www.lancom.co.kr
이메일 elancom@naver.com

ⓒ 랭컴 2024
ISBN 979-11-7142-044-5 13730

이 책의 저작권은 저자에게 있습니다. 저자와 출판사의 허락없이
내용의 일부를 인용하거나 발췌하는 것을 금합니다.

여행·비즈니스 출장까지 바로 통하는 일본어회화 단숨에 떼기

학원을 이기는

송상엽 지음

독학
일본어
회화

2

독하게 배워서
독하게 써먹자!

LanCom
Language & Communication

일본으로 여행과 비즈니스 출장을 떠나려고 해도 일본어를 모르기 때문에 망설이고 걱정하십니까?

여기 〈학원을 이기는 독학 일본어회화 2〉가 여러분의 모든 근심을 깨끗이 씻어주고 일본으로의 여행과 비즈니스 출장에 대한 자신감을 가져다 줄 것입니다.

〈학원을 이기는 독학 일본어회화 2〉는 한국을 떠나 일본 현지에 발을 붙이는 순간부터 귀국할 때까지 여행과 출장 순서대로 구성되어 있으므로 여러분들이 언어에 대한 아무런 불편 없이 자유롭게 일본에 가서 일을 볼 수 있습니다.

이 책은 일본어를 한마디도 못해도 한글로 일본어 발음을 정확히 달았기 때문에 또박또박 발음만 잘 한다면 현지인들도 충분히 알아들을 수 있고, 실제 상황에서도 바로바로 통할 수 있도록 간편하고 쉬운 말을 엄선하여 구성했습니다.

일본으로 여행과 출장을 떠나는 여러분!

〈학원을 이기는 독학 일본어회화 2〉는 일본으로 떠나기 전에 미리 공부할 수 있도록 만들어진 여행과 출장을 위한 일본어 회화책입니다. 또한 일본으로 떠날 때 이 책을 가지고 가신다면 보다 자신감을 가지고 편하게 일본 여행과 출장을 마칠 수 있으리라고 확신합니다.

2024. 4
저자 씀

이 책의 특징

● 일본 여행과 출장을 위한 22개의 상황 설정!

일본 여행과 출장을 위해 24개의 상황을 설정하여 기본적으로 알아야 하는 표현을 단문 형태로 수록했습니다. 거의 모든 예문이 쉬운 단문으로 구성되어 있기 때문에 일본어에 자신 없는 분들도 쉽게 배울 수 있습니다.

● 일본 여행과 출장에서 자주 쓰이는 표현만 쏙쏙 골라 수록!

일본 여행과 출장에서 자주 쓰이는 표현만 쏙쏙 모아 수록하였으며, 각 상황마다 기본 표현을 한눈에 알아보기 쉽도록 편집했습니다.

● 실감나는 필수 표현과 생생한 Dialog(둘이서 쏼라쏼라)!

상황별로 실감나는 필수 표현들과 이 표현들을 충분히 활용할 수 있도록 각 상황마다 짤막하지만 생생한 Dialog를 두어 현장감을 느낄 수 있도록 하였습니다.

● 일본어 발음을 잘 몰라도 즉석에서 활용 가능!

모든 일본어 문장에 일본인이 말하는 발음과 유사하게 한글로 그 발음을 표기하여 일본어 전혀 모르거나 정확히 모르더라도 현지에서 곧바로 활용할 수 있으며, 또한 병음을 표기하였기 때문에 일본어 학습에도 도움이 됩니다.

● 일본인의 정확한 발음으로 배우는 여행과 출장 일본어!

본사 홈페이지(www.lancom.co.kr)에서 무료로 제공하는 음성 파일은 표준어를 구사하는 일본인이 각 상황의 기본 표현과 Dialog(둘이서 쏼라쏼라)를 일상적으로 말하는 속도로 본문 전체를 읽어드립니다. 발음에 유의하면서 반복 청취하고 한 문장씩 따라 읽어 봅시다.

Contents

Part 1

출입국

차례

Contents

Part 4

교통

Part **5**

관광과
쇼핑

Contents

일상생활

Part 7

방문

Contents

Part 8

트러블

ていただいて、こちらこそ楽しかったです。
ちらへはどうやって行くのですか。またあ
来てもらえますか。ここの自慢料理は何て
か。地元の人がよく行くレストランはありま

Part

1

どこですか。何に興味をお持ちですか。ツ
ーは何時間かかりますか。料金はいくらで
か。入場は有料ですか。たくさん取ってくだ
いね。無料のパンフレットはありますか。

출입국

えてください。これはどういう料理ですか。
ぐできますか。静かな奥の席にお願いし

학습일

기내에서

이것만은 꼭 알아두세요.

비행기가 이륙하면 기수를 들어올려 일정한 고도에 도달할 때까지
계속 상승합니다. 드디어 수평 비행이 되면 음료나 식사 서비스가
나오게 됩니다. 기내에서는 소리가 잘 들리지 않으므로 무언가 주
문할 경우에는 긴 표현보다는 짧게 표현하는 게 좋습니다.
입국카드를 기내에서 미리 작성해두면 입국심사를 받을 때 시간을
줄일 뿐 아니라 별다른 질문을 받지 않고도 통과할 수 있으므로
기내에서 작성해두도록 합시다. 또한 선물용으로 면세품을 기내에
서 구입할 수 있습니다.

STEP 2 여러 번 듣고 소리내어 반복해서 읽어보세요.

🗨 좌석을 찾을 때

0001. 실례지만, 제 자리는 어디입니까?

すみません。わたしの席_{せき}はどこですか。

스미마셍. 와따시노 세끼와 도꼬데스까

0002. 제 탑승권은 여기 있습니다.

これがわたしの搭乗券_{とうじょうけん}です。

고레가 와따시노 토–죠–껜데스

0003. 15K 좌석은 어디입니까?

15Kの席_{せき}はどこですか。

쥬–고케이노 세끼와 도꼬데스까

0004. 창문 쪽 자리입니다.

窓側_{まどがわ}の席_{せき}です。

마도가와노 세끼데스

0005. 통로 쪽 자리입니다.

通路側_{つうろがわ}の席_{せき}です。

쓰–로가와노 세끼데스

0006. 이 통로로 가십시오.

この通路_{つうろ}からどうぞ。

고노 쓰–로까라 도–조

0007. 저쪽 통로로 가십시오.

あちらの通路_{つうろ}からどうぞ。

아찌라노 쓰–로까라 도–조

0008. 저 남자 분을 따라가세요.

あの男_{おとこ}の方_{かた}について行_いってください。

아노 오토꼬노 카따니 쓰이떼 잇떼 구다사이

0009. 제 자리는 저 여자의 옆
입니까?

わたしの席はあの女性のよこですか。

와따시노 세끼와 아노 죠세-노 요꼬데스까

🗨 좌석에서

0010. 실례지만, 제 자리에 앉
아 계신 것 같은데요.

すみませんが、わたしの席にお座りのよ
うですが。

스미마셍가, 와따시노 세끼니 오스와리노 요-데스가

0011. 제 탑승권에는 37H라
고 쓰여 있습니다.

わたしの搭乗券には37Hと書いてあり
ます。

와따시노 토-죠-껜니와 산쥬-나나 에이치또 가이떼 아리마스

0012. 여긴 제 자리인 것 같은
데, 탑승권을 보여 주시
겠어요?

ここはわたしの席だと思うのですが、搭
乗券を見せていただけますか。

고꼬와 와따시노 세끼다또 오무우노데스가, 토-죠-껭오 미세떼
이따다께마스까

0013. 혹시 가능하면 금연석
으로 바꿔 주시겠어요?

もしできれば、禁煙席にかえてもらえま
すか。

모시 데끼레바, 킹엔세끼니 가에떼 모라에마스까

0014. 그게 제 자리입니다. 들
어가도 되겠습니까?

それはわたしの席です。入れてもらえま
すか。

소레와 와따시노 세끼데스. 이레떼 모라에마스까

16

0015. 통로석이 좋아서 그러는데요, 좌석 좀 바꿔 주시겠습니까?

通路側のほうがいいので、替わっていただけませんか。

쓰-로가와노 호-가 이-노데, 가왓떼 이따다께마셍까

0016. 모포와 베개를 가져다 주시겠습니까?

毛布とまくらを取っていただけますか。

모-후또 마꾸라오 돗떼 이따다께마스까

0017. 이것을 위의 수하물 선반에 넣어 주시겠습니까?

これを上の荷物棚に入れてくださいますか。

고레오 우에노 니모쯔다나니 이레떼 구다사이마스까

🗨 이륙

0018. 자리에 앉으십시오.

お座りください。

오스와리 구다사이

0019. 안전벨트를 매십시오.

シートベルトをお締めください。

시-토베루토오 오시메 구다사이

0020. 좌석을 바로 해 주세요.

座席を戻してください。

자세끼오 모도시떼 구다사이

0021. 가방을 위에 있는 수하물 선반에 넣어 주세요.

バッグを上の荷物棚に入れてください。

박구오 우에노 니모쯔다나니 이레떼 구다사이

0022. 테이블을 바로 해 주세요.

テーブルを元に戻してください。

테-부루오 모또니 모도시떼 구다사이

0023. 이러면 될까요?	これでよろしいでしょうか。	
☐☐	고레데 요로시-데쇼-까	

0024. 이것을 위의 수하물 선	これを上の荷物棚に入れましょうか。	
☐☐ 반에 넣을까요?	고레오 우에노 니모쯔다나니 이레마쇼-까	

🗣 마실 것

0025. 음료를 좀 드시겠습니	何かお飲み物をめしあがりますか。	
☐☐ 까?	나니까 오노미모노오 메시아가리마스까	

0026. 술은 서비스입니까?	お酒はサービスですか。	
☐☐	오사께와 사-비스데스까	

0027. 어떤 음료가 있습니까?	どんな飲み物がありますか。	
☐☐	돈나 노미모노가 아리마스까	

0028. 오렌지 주스, 코카콜라,	オレンジジュース、コーラ、セブンアップ、ジン	
☐☐ 세븐업, 진저엘, 맥주,	ジャーエール、ビール、ワインがございます。	
포도주가 있습니다.	오렌지쥬-스, 코-라, 세븐압푸, 진쟈-에-루, 비-루, 와잉가 고자이마스	

0029. 알코올류는 유료입니	アルコール類は有料になっています。	
☐☐ 다.	아루코-루 루이와 유-료-니 낫떼 이마스	

0030. 다이어트 음료는 있습	ダイエット飲料はありますか。	
☐☐ 니까?	다이엣또 인료-와 아리마스까	

0031. 스카치에 물을 타 주십
시오.

スコッチの水割(みずわ)りをお願(ねが)いします。

스콧치노 미즈와리오 오네가이시마스

0032. 자, 여기 있습니다.

はい、どうぞ。

하이, 도-조

🗣 식사

0033. 치킨이나 비프 중 어느
것이 좋으시겠습니까?

チキンかビーフのどちらがよろしいですか。

치킹까 비-후노 도찌라가 요로시-데스까

0034. 비프를 주세요.

ビーフをください。

비-후오 구다사이

0035. 음료는 무엇으로 하시
겠습니까?

お飲(の)み物(もの)は何(なん)になさいますか。

오노미모노와 나니니 나사이마스까

0036. 커피나 홍차는 어떠십
니까?

コーヒーか紅茶(こうちゃ)はいかがですか。

코-히-까 코-쨔와 이까가데스까

0037. 설탕과 크림은 어떠십
니까?

砂糖(さとう)とクリームはいかがですか。

사토-또 쿠리-무와 이까가데스까

0038. 홍차를 한 잔 더 주시겠
습니까?

もう一杯紅茶(いっぱいこうちゃ)をいただけますか。

모- 입빠이 코-쨔오 이따다께마스까

0039. 맥주 한 병 더 주세요.

もう一本(いっぽん)ビールをください。

모- 입뽄 비-루오 구다사이

0040. 괜찮습니다.

けっこうです。

겍꼬데스

0041. 미안합니다. 커피를 엎
질렀습니다.

すみません。コーヒーをこぼしました。

스미마셍. 코-히-오 고보시마시다

0042. 나는 아직 배가 고픈데,
남은 식사는 없습니까?

わたしはまだおなかがすいているんです
が、食事(しょくじ)のあまりはありませんか。

와따시와 마다 오나까가 스이떼 이룬데스가, 쇼꾸지노 아마리와
아리마셍까

💬 면세 쇼핑

0043. 면세품은 어떠십니까?

免税品(めんぜいひん)はいかがですか。

멘제-힝와 이까가데스까

0044. 세븐스타를 2보루 주세
요.

セブンスターを2カートンください。

세븐스타-오 쓰- 카-통 구다사이

0045. 올드파는 있습니까?

オールド・パーはありますか。

오-루도 파-와 아리마스까

0046. 일본으로 위스키는 몇
병까지 면세로 가지고
들어갈 수 있습니까?

日本(にほん)へはウイスキーは何本(なんぼん)まで免税(めんぜい)で
すか。

니홍에와 우이스키-와 남봄마데 멘제- 데끼마스까

20

0047. 3병까지입니다.
☐ ☐

3本までです。

삼봄마데데스

0048. 얼마입니까?
☐ ☐

いくらですか。

이꾸라데스까

0049. 여행자수표로 지불할
☐ ☐ 수 있습니까?

トラベラーズチェックで支払えますか。

토라베라ー즈 첵꾸데 시하라에마스까

0050. 한국 돈으로 지불할 수
☐ ☐ 있습니까?

韓国ウォンで支払えますか。

캉코꾸 원데 시하라에마스까

0051. 예, 1,000엔입니다.
☐ ☐

はい、千円です。

하이, 셍엔데스

0052. 거스름돈입니다.
☐ ☐

お釣りです。

오쓰리데스

🗨️ 그밖에 유용한 표현

0053. 통로에서는 금연입니
☐ ☐ 다.

通路では禁煙です。

쓰ー로데와 킹엔데스

0054. 이곳은 금연석이 아닙
☐ ☐ 니다.

ここは禁煙席ではありません。

고꼬와 킹엔세끼데와 아리마셍

0055. 담배는 삼가주십시오.
タバコはご遠慮ください。
다바꼬와 고엔료 구다사이

0056. 창의 차일을 닫아 주십시오.
窓のシェードを閉めてください。
마도노 세ー도오 시메떼 구다사이

0057. 좌석으로 돌아가 주십시오.
座席にお戻りください。
자세끼니 오모도리 구다사이

0058. 안전벨트 사인이 켜졌습니다.
シートベルトのサインがつきました。
시ー토베루토노 사잉가 쓰끼마시다

🗨 곤란한 문제가 일어났을 때

0059. 몸이 좋지 않습니다.
気分が悪いんですが。
기붕가 와루인데스가

0060. 어떻게 안 좋습니까?
どう具合が悪いのですか。
도ー 구아이가 와루이노데스까

0061. 울렁거립니다.
むかむかするんです。
무까무까 스룬데스

0062. 두통이 납입니다.
頭痛がします。
즈쓰ー가 시마스

22

0063. 아스피린은 있습니까?
□ □

アスピリンはありますか。

아스피링와 아리마스까

0064. 아마 멀미인 것 같아요.
□ □

たぶん乗^のり物^{もの}の酔^よいでしょう。

다분 노리모노노 요이데쇼－

STEP 3 실전대화를 해보세요.

A : <u>몸이 안 좋은데요.</u>
기붕가 와루인데스가

B : どう具合^{ぐ あい}が悪^{わる}いのですか。
도－ 구아이가 와루이노데스까

A : むかむかするんです。
무까무까 스룬데스

B : たぶん乗^のり物^{もの}の酔^よいでしょう。薬^{くすり}をお持^もちしましう。
다분 노리모노노 요이데쇼－. 구스리오 오모찌시마쇼－

A : 気分^{き ぶん}が悪^{わる}いんですが。

B : 어떻게 안 좋습니까?

A : 구역질이 납니다.

B : 아마 멀미인 것 같군요. 약을 가져다 드릴게요.

STEP 4 직접 쓰고 읽어보세요.

어떤 음료가 있습니까?

➡

학습일

공항

이것만은 꼭 알아두세요.

입국 심사관에게 여권과 출입국신고서를 제출하면 여권과 비자의 유효기간을 확인하고 입국 목적과 체류 기간 등을 묻는 것이 통상 적이지만, 출입국신고서를 보고 특별한 경우가 아니면 이런 질문 도 생략합니다. 입국심사를 통과하면 컨베이어벨트에서 자신의 짐 을 찾은 후에 짐과 여권을 세관직원에게 건넵니다. 세관에서는 마약, 총기류, 등 반입해서는 안 되는 물건을 가지고 있는지를 확 인하는 것으로, 세관을 통과할 때 엑스레이 상 반입 금지 물건이 보이지 않는 이상 여행가방을 열어보는 경우는 많지 않습니다.

여러 번 듣고 소리내어 반복해서 읽어보세요.

💬 입국심사

0065. 여권을 주십시오.

パスポートをお願^{ねが}いします。

파스포-토오 오네가이시마스

0066. 예.

はい。

하이

0067. 한국에서 오셨군요.

韓国^{かんこく}から来^こられましたね。

캉코꾸까라 고라레마시따네

0068. 방문 목적은 무엇입니까?

訪問^{ほうもん}の目的^{もくてき}は何^{なん}ですか。

호-몬노 목테끼와 난데스까

0069. 관광입니다.

観光^{かんこう}です。

캉꼬-데스

0070. 비즈니스입니까, 휴가입니까?

ビジネスですか、休暇^{きゅうか}ですか。

비즈네스데스까, 큐-까데스까

0071. 얼마나 머무실 겁니까?

どれくらい滞在^{たいざい}しますか。

도레쿠라이 타이자이시마스까

0072. 1주일 정도입니다.

1週間^{しゅうかん}ほどです。

잇슈-깡호도데스

💬 짐을 찾을 때

0073. 젠닛쿠 1편의 하물은 어디에서 찾습니까?
□□
全日空1便の荷物はどこですか。
젠닉꾸ー 이찌빈노 니모쯔와 도꼬데스까

0074. 4번 테이블입니다.
□□
4番テーブルです。
욤반 테ー부루데스

0075. 그것은 어디입니까?
□□
それはどこですか。
소레와 도꼬데스까

0076. 저 테이블의 다음입니다.
□□
あのテーブルの次です。
아노 테ー부루노 쓰기데스

0077. 짐보관증을 보여 주십시오.
□□
荷物の預り証を見せてください。
니모쯔노 아즈까리쇼ー오 미세떼 구다사이

0078. 카트는 있습니까?
□□
カートはありますか。
카ー토와 아리마스까

0079. 저쪽의 벽에 있습니다.
□□
あそこの壁のところです。
아소꼬노 카베노 도꼬로데스

0080. 이 카트를 택시 승차장까지 가지고 가도 됩니까?
□□
このカートをタクシー乗り場まで持っていってもいいですか。
고노 카ー토오 타쿠시ー노리바마데 못떼 잇떼모 이ー데스까

26

🗨 세관에서

0081. 신고할 것이 있습니까?

申告するものはありますか。

싱코꾸스루 모노와 아리마스까

0082. 신고할 것은 아무 것도 없습니다.

申告するものは何もありません。

싱코꾸스루 모노와 나니모 아리마셍

0083. 모두 개인용품뿐입니다.

すべて個人で使用するものばかりです。

스베떼 코진데 시요-스루모노바까리데스

0084. 술이나 담배를 가지고 있습니까?

お酒かタバコをお持ちですか。

오사케까 다바코오 오모찌데스까

0085. 아뇨.

いいえ。

이-에

0086. 과일이나 육류를 가지고 계십니까?

フルーツか肉類をお持ちですか。

후루-쓰까 니꾸루이오 오모찌데스까

0087. 친구에게 줄 작은 선물을 가지고 있습니다.

友人への小さい土産を持っています。

유-징에노 치-사이 미야게오 못떼 이마스

0088. 가격은 어느 정도입니까?

価格はどのくらいですか。

가카꾸와 도노 쿠라이데스까

0089. 좋습니다, 가십시오.

どうぞ、行ってください。

도-조, 잇떼 구다사이

💬 환전소에서

0090. 이 근처에 환전소는 있습니까?

このへんに両替所はありますか。

고노 헨니 료-가에쇼와 아리마스까

0091. 원화를 엔화으로 바꾸고 싶은데요.

ウォンを円に替えたいのですが。

웡오 엔니 가에따이노데스가

0092. 얼마나 바꾸시겠습니까?

いくら替えられますか。

이꾸라 가에라레마스까

0093. 오늘의 환율은 얼마입니까?

きょうの為替レートはいくらですか。

쿄-노 가와세레-토와 이꾸라데스까

0094. 원화 환율은 얼마입니까?

ウォンの為替レートはいくらですか。

원노 가와세레-토와 이꾸라데스까

0095. 백 엔에 천원입니다.

100円で千ウォンです。

햐꾸엔데 셍원데스

0096. 좋습니다.

けっこうです。

겍꼬-데스

0097. 잔돈도 섞어 주시겠습니까?

小銭も混ぜていただけますか。

코제니모 마제떼 이따다께마스까

0098. 여기에 사인하십시오.

ここにサインしてください。

고꼬니 사인시떼 구다사이

🗨 공항에서 마중나온 사람이 있을 때

0099. 저는 이입니다.

わたしは李です。

와따시와 이데스

0100. 저를 기다려 주셨던 겁니까?

わたしを待っていてくださったのですか。

와따시오 맛떼이떼 구다삿따노데스까

0101. 실례지만, 김 선생님입니까?

すみませんが、金さんですか。

스미마셍가, 김산데스까

0102. 저는 야마다 씨의 보좌관입니다.

わたしは山田さんのつきそいの者です。

와따시와 야마다산노 쯔끼소이노 모노데스

0103. 기무라 씨, 뵙게 되어 기쁩니다.

木村さん、お目にかかれてうれしいです。

기무라상, 오메니카까레떼 우레시-데스

0104. 기무라 씨, 만나서 반갑습니다.

木村さん、お目いできてうれしいです。

기무라상, 오아이데키떼 우레시-데스

0105. 저야말로 반갑습니다.
□□

こちらこそ。

고찌라코소

0106. 요코라고 불러주십시
□□ 오.

洋子と呼んでください。

요-꼬또 욘데 구다사이

0107. 여행가방을 들어 드릴
□□ 까요?

スーツケースをお持ちしましょうか。

스-쓰케-스오 오모찌시마쇼-까

0108. 뭔가 들어드릴 것이 있
□□ 습니까?

お持ちするものはありますか。

나니까 오모찌스루 모노와 아리마스까

0109. 아니오. 됐습니다. 전부
□□ 들고 갈 수 있으니까요.

いいえ、けっこうです。全部持って行け
ますから。

이-에, 겍꼬-데스. 젬부 못떼 이께마스까라

0110. 이것을 들어 주시겠어
□□ 요?

これを持っていただけますか。

고레오 못떼 이따다께마스까

🗨 짐을 분실했을 때

0111. 내 여행가방이 나오지
□□ 않습니다.

わたしのスーツケースが出てきません。

와따시노 스-쓰케-스가 데떼 기마셍

0112. 이런 경우 누구에게 말
□□ 하면 될까요?

こういう場合は誰に言えばいいでしょうか。

고-유- 바아이와 다레니 이에바 이-데쇼-까

0113. 내 가방이 컨베이어벨트에서 나오지 않았습니다.

わたしの荷物^{にもつ}がベルトコンベアーから出^でてきません。

와따시노 니모쯔가 베루토콤베아-까라 데떼 기마셍

0114. 하물보관증을 보여 주시겠습니까?

荷物^{にもつ}の預^{あずか}り証^{しょう}を拝見^{はいけん}できますか。

니모쯔노 아즈까리쇼-오 하이껜 데끼마스까

0115. 하물보관증을 가지고 계십니까?

荷物^{にもつ}の預^{あずか}り証^{しょう}をお持^もちですか。

니모쯔노 아즈까리쇼-오 오모찌데스까

0116. 당신의 가방은 이 중에서 어느 것과 가장 비슷합니까?

あなたのバッグはこの中^{なか}のどれにいちばん似^にていますか。

아나따노 박구와 고노 나까노 도레니 이찌반 니떼 이마스까

0117. 가방은 무슨 색입니까?

バッグは何色^{なにいろ}ですか。

박구와 나니이로데스까

0118. 검은 색입니다.

黒^{くろ}です。

구로데스

0119. 당신의 가방에는 주소와 이름을 쓴 꼬리표가 붙어 있습니까?

あなたのバッグには住所^{じゅうしょ}と名前^{なまえ}の書^かいたふだがついていますか。

아나따노 박구니와 쥬-쇼또 나마에노 가이따 후다가 쓰이떼 이마스까

0120. 고쿠사이 호텔에 묵고 있습니다.

国際^{こくさい}ホテルに泊^とまっています。

코꾸사이 호테루니 도맛떼 이마스

0121. 오전 중에 당신 가방을
□ □ 그곳으로 보내 드리겠
습니다.

午前中にあなたのバッグをそこへお届
けします。

고젠쮸-니 아나따노 박구오 소꼬에 오토도께 시마스

A : 신고할 것은 있습니까?

신코쿠스루 모노와 아리마스까

B : いいえ、すべて個人で使用するものばかりです。

이-에, 스베떼 코진데 시요-스루 모노바까리데스

A : お酒かタバコをお持ちですか。

오사케까 다바코오 오모찌데스까

B : いいえ。

이-에

A : 申告するものはありますか。

B : 아니오. 모두 개인용품뿐입니다.

A : 술이나 담배를 가지고 계십니까?

B : 아니오.

방문 목적은 무엇입니까?

➡

Unit 03

공항에서 시내로

STEP 1 이것만은 꼭 알아두세요.

입국 공항에서 세관을 통과하면 관광안내소에서 여행에 필요한 지도나 관광 가이드, 호텔 가이드 등의 팸플릿을 얻을 수 있습니다. 또한 여행지의 교통수단이나 호텔이 위치한 장소, 택시 요금 등 필요한 정보도 얻을 수도 있습니다. 짐이 많은 경우에는 포터를 이용하는 경우도 있는데, 공항 포터에게 지불하는 것은 팁이 아니라 규정 요금입니다. 도착 공항에서 여행 목적지로 직접 연결하는 교통편은 리무진버스 이외에 전철, 버스, 택시(요금이 비싸므로 가급적 피하는 게 좋다) 등이 있습니다.

🗨 교통수단에 대해 물을 때

0122. 여기에서 시내로 가는 가장 좋은 방법은 무엇입니까?

ここから市内へ行くいちばんいい方法は何ですか。

고꼬까라 시나이에 이꾸 이찌방 이－호－호－와 난데스까

0123. 가장 싸게 오사카로 가는 방법은 무엇입니까?

いちばん安く大阪に行く方法は何ですか。

이찌방 야스꾸 오－사까니 이꾸 호－호－와 난데스까

0124. 시내의 몇 군데에 정차하는 공항버스가 있습니다.

市内に何か所か止まる空港バスがあります。

시나이니 낭까쇼까 도마루 쿠－꼬－바스가 아리마스까

0125. 셔틀버스가 당신의 호텔에 정차할 것입니다.

シャトルバスがあなたのホテルに止まると思います。

샤토루바스가 아나따노 호테루니 도마루또 오모이마스

0126. 공항버스는 얼마입니까?

空港バスはいくらですか。

쿠－꼬－바스와 이꾸라데스까

0127. 호텔 중에는 공항 픽업 서비스를 하는 데도 있습니다.

ホテルの中には空港の送迎サービスをしているところもあります。

호테루노 나까니와 쿠－꼬－노 소－게－사－비스오 시떼 이루 도꼬로모 아리마스

0128. 어디에서 표를 살 수 있습니까?

どこで切符が買えますか。

도꼬데 깁뿌가 가에마스까

34

0129. 운전사가 딸린 리무진
☐☐ 을 빌릴 수도 있습니다.

運転手つきのリムジンを借りることもできます。

운뗀슈쓰끼노 리무징오 가리루 고또모 데끼마스

0130. 공항버스는 긴자고쿠사
☐☐ 이 호텔 근처에 섭니
까?

空港バスは銀座国際ホテルの近くに止まりますか。

쿠ー꼬ー바스와 긴자코꾸사이 호테루노 치카꾸니 도마리마스까

🗣 택시 합승

0131. 어디로 갑니까?
☐☐

どこへ行きますか。

도꼬에 이끼마스까

0132. 긴자고쿠사이 호텔입니
☐☐ 다.

銀座国際ホテルです。

긴자코꾸사이 호테루데스

0133. 시내입니까?
☐☐

市内ですか。

시나이데스까

0134. 긴자다이이치 호텔 근
☐☐ 처입니까?

銀座第一ホテルの近くですか。

긴자 다이이찌 호테루노 치카꾸데스까

0135. 그곳은 긴자고쿠사이
☐☐ 호텔에서 약 4블록 떨
어진 곳에 있습니다.

それは銀座国際ホテルから4ブロック離れたところです。

소레 긴자 코꾸사이 호테루까라 욤 부록쿠 하나레따 도꼬로데스

35

0136. 저도 시내로 갑니다. 택시를 합승할까요?

わたしも市内へ行きます。タクシーに相乗りしましょうか。

와따시모 시나이에 이끼마스. 타꾸시-니 아이노리 시마쇼-까

0137. 택시를 합승해서 요금을 나누어 낼까요?

タクシーに相乗りして、割り勘にしましょうか。

타꾸시-니 아이노리시떼, 와리깐니 시마쇼-까

0138. 좋은 생각이군요.

いい考えですね。

이- 캉가에데스네

🗨 공항버스표를 살 때

0139. 시내로 가는 셔틀버스의 표는 여기서 삽니까?

市内行きのシャトルバスの切符はここで買うんですか。

시나이 유끼노 샤토루바스노 깁뿌와 고꼬데 가운데스까

0140. 셔틀버스는 긴자고쿠사이 호텔에 섭니까?

シャトルバスは銀座国際ホテルに止まりますか。

샤토루바스와 긴자 코꾸사이 호테루니 도마리마스까

0141. 아니오, 서지 않습니다만, 근처 긴자다이이치 호텔에 섭니다.

いいえ、止まりませんが、近くの銀座第一ホテルに止まります。

이-에, 도마리마셍가, 치카꾸노 긴자 다이이찌 호테루니 도마리마스

0142. 공항버스는 얼마입니까?

空港バスはいくらですか。

쿠-꼬-바스와 이꾸라데스까

0143. 만일 오늘 왕복표를 사
면 돌아올 때는 어떻게
버스를 탑니까?

もし、きょう往復の切符を買ったら、帰
りはどのようにしてバスに乗りますか。

모시, 쿄- 오-후꾸노 깁뿌오 갓따라, 가에리와 도노요-니 시떼
바스니 노리마스까

0144. 돌아오는 날 전날 밤에
이 표에 있는 전화번호
로 전화해서 예약을 해
주십시오.

帰る日の前の晩にこの切符にある電話
番号に電話して予約してください。

가에루 히오 마에노 반니 고노 깁뿌니 아루 뎅와 방고-니 뎅와시
떼 요야꾸시떼 구다사이

0145. 다음 셔틀버스는 언제
있습니까?

次のシャトルバスはいつですか。

쓰기노 샤토루바스와 이쯔데스까

0146. 셔틀버스는 어디에서
출발합니까?

シャトルバスはどこから出ますか。

샤토루바스와 도꼬까라 데마스까

0147. 이 출구를 나가서 바로
입니다.

この出口を出たところです。

고노 데구찌오 데따 도꼬로데스

🗨 공항버스를 탈 때

0148. 이것이 긴자고쿠사이
호텔에 서는 셔틀버스
입니까?

これは銀座国際ホテルに止まるシャト
ルバスですか。

고레와 긴자 코꾸사이 호테루니 도마루 샤토루바스데스까

0149. 아뇨, 그것은 다음 정류
장입니다.

いいえ、それは次の乗り場です。

이-에, 소레와 쓰기노 노리바데스

0150. B라고 쓰인 표지가 보입니까?

B と書かれた標識が見えますか。

비-또 가카레따 효-시끼가 미에마스까

0151. 짐은 몇 개입니까?

荷物はいくつですか。

니모쯔와 이꾸쯔데스까

0152. 이 큰 것 2개와 이 숄더백입니다.

この大きいのが2つと、このショルダーバッグです。

고노- 오-끼-노가 후타츠또, 고노 쇼루다-박구데스

0153. 숄더백은 가지고 타겠습니다.

ショルダーバッグは持って乗ります。

쇼루다-박구와 못떼 노리마스

0154. 언제 출발합니까?

いつ出ますか。

이쯔 데마스까

0155. 자, 버스에 타십시오.

どうぞ、バスに乗ってください。

도-조, 바스니 놋떼 구다사이

0156. 처음 정차하는 곳이 긴자고쿠사이 호텔입니다. 그 다음이 긴자다이이치 호텔, 데이코쿠 호텔, 그리고 긴자닛코 호텔입니다.

最初に止まるのが銀座国際ホテルです。その次が銀座第一ホテル、帝国ホテル、そして、銀座日航ホテルです。

사이쇼니 도마루노가 긴자 코꾸사이 호테루데스. 스노 쓰기가 긴자 다이이찌 호테루, 테-코꾸 호테루, 소시떼, 긴자 닉꼬- 호테루데스

0164. 어느 가방이 당신 것입니까?

どのバッグがあなたのですか。

도노 박구가 아나따노데스까

0157. 저쪽의 파란 것과 그 뒤
☐ ☐ 에 있는 것입니다.

あそこの青いのとその後ろのです。

아소꼬노 아오이노또 소노 우시로노데스

🗨 리무진을 빌릴 때

0158. 여기에서 시내는 어떻
☐ ☐ 게 가면 좋겠습니까?

ここから市内はどのように行けばいいで
すか。

고꼬까라 시나이와 도노요-니 이께바 이-데스까

0159. 리무진을 빌릴 수 있는
☐ ☐ 곳은 있습니까?

リムジンを借りられるところはありますか。

리무징오 가리라레우 도꼬로와 아리마스까

0160. 긴자고쿠사이 호텔까지
☐ ☐ 리무진은 얼마입니까?

銀座国際ホテルまでリムジンはいくら
ですか。

긴자 코꾸사이 호테루마데 리무징와 이꾸라데스까

0161. 운전사 딸린 리무진은
☐ ☐ 5천 엔입니다.

運転手つきのリムジンは5千円です。

운뗀슈쓰끼노 리무징와 5셍엔데스

0162. 스트레치 리무진은 8천
☐ ☐ 엔입니다.

ストレッチーリムジンは8千円です。

스토렛치-리무징와 핫셍엔데스

0163. 긴자고쿠사이 호텔까지
☐ ☐ 스트레치 리무진을 부
탁합니다.

銀座国際ホテルまでストレッチーリムジ
ンをお願いします。

긴자 코꾸사이 호테루마데 스토렛치-리무징오 오네가이 시마스

39

0165. 이 출구 밖으로 운전사
□□ 가 태우러 올 겁니다.

この出口を出たところまで、運転手が迎えにきます。

고노 데구찌오 데따 도꼬로마데, 운뗀슈가 무까에니 기마스

0166. 그에게 이 영수증을 보
□□ 여 주십시오.

彼にこの領収書を見せてください。

카레니 고노 료-슈-쇼오 미세떼 구다사이

실전대화를 해보세요.

A : 이 셔틀버스는 긴자닛코 호텔에 섭니까?

고노 샤토루바스와 긴자 닉꼬 호테루니 도마리마스까

B : はい、止まります。荷物はいくつですか。

하이, 도마리마스. 니모쯔와 이꾸쯔데스까

A : この大きいのひとつと、この携帯カバンです。携帯カバンは持って乗ります。

고노 오-끼-노 히토츠또, 고노 케-따이 가반데스. 케-따이 가방와 못떼 노리마스

B : これは後ろに置きます。

고레와 우시로니 오끼마스

A : このシャトルバスは銀座日航ホテルに止まりますか。

B : 예. 섭니다. 짐은 몇 개입니까?

A : 이 큰 것 하나와 이 휴대 가방입니다. 휴대 가방은 들고 타겠습니다.

B : 이것은 뒤에 놓겠습니다.

직접 쓰고 읽어보세요.

여기에서 시내로 가는 가장 좋은 방법은 무엇입니까?

➡

ていただいて、こちらこそ楽しかったです。
ちらへはどうやって行くのですか。またあ
来てもらえますか。ここの自慢料理は何で
か。地元の人がよく行くレストランはありま
か。注文を確認して下さい。注文を変
どこですか。何に興味をお持ちですか。ツ
ーは何時間かかりますか。料金はいくらで
か。入場は有料ですか。たくさん取ってくだ
いね。無料のパンフレットはありますか。こ
ントに行きたい。レストランはありませんか
えてください。これはどういう料理ですか。
ぐできますか。静かな奥の席にお願いしま

Part

2

숙박

호텔 체크인

호텔에 도착하면 우선 프론트(受付)에 가서 예약이 되어 있는지 자신의 이름을 말하고, 숙박부에 이름과 주소 등을 기입합니다. 호텔 체크인은 일반적으로 오후 2시부터이므로 만약 호텔 도착 시간이 오후 6시를 넘을 때는 예약이 취소되는 경우도 있으므로 사정이 있어 늦을 경우에는 호텔에 도착 시간을 알려주어야 합니다. 체크인할 때는 방의 형태나 설비, 요금, 체류 예정 등을 확인하고, 일단 숙박할 방이 정해지면 열쇠를 받아 지정된 방으로 들어가면 됩니다. 이때 짐이 많은 경우에는 포터를 부탁하면 됩니다.

입에 착착!

STEP 2 여러 번 듣고 소리내어 반복해서 읽어보세요.

💬 호텔을 찾을 때

0167. 호텔 안내는 어디에 있습니까?

ホテルの案内はどこですか。

호테루노 안나이와 도꼬데스까

0168. 호텔 직통전화가 저쪽에 있습니다.

ホテル直通の電話があそこにあります。

호테루 쵸꾸쓰ー노 뎅와가 아소꼬니 아리마스

0169. 오늘 밤 싱글은 있습니까?

今夜のシングルはありますか。

공야와 싱구루와 아리마스까

0170. 싱글은 있습니다.

シングルはあります。

싱구루와 아리마스

0171. 얼마입니까?

おいくらですか。

오이꾸라데스까

0172. 7천 엔 세금 별도입니다.

7千円と税金です。

나나셍엔 또 제ー낀데스

0173. 아침식사는 포함되어 있습니까?

朝食は含まれていますか。

쵸ー쇼꾸와 후꾸마레떼 이마스까

0174. 공항으로 태우러 와 주실 수 있습니까?

空港でピックアップしてもらえますか。

쿠ー꼬ー데 픽쿠압푸시떼 모라에마스까

43

0175. 픽업에는 어느 정도 시간이 걸립니까?
☐☐

ピックアップにはどれくらいの時間がかかりますか。

픽쿠압푸니와 도레쿠라이노 지깡가 가까리마스까

📣 예약했을 때의 체크인

0176. 예약을 했습니다만.
☐☐

予約してあるんですが。

요야꾸시떼 아룬데스가

0177. 알겠습니다. 이 숙박카드에 기입해 주시겠습니까?
☐☐

わかりました。この宿泊カードに記入していただけますか。

와까리마시다. 고노 슈꾸하꾸카ー도니 키뉴ー시떼 이따다께마스까

0178. 이것을 읽어보시고 문제가 없는지 알려 주십시오.
☐☐

これに目を通していただきまして、問題がないか教えてください。

고레니 메오 도오시떼 이따다끼마시떼, 몬다이가 나이까 오시에떼 구다사이

0179. 만약 괜찮으면 ×표가 있는 곳에 서명해 주십시오.
☐☐

もしよければ、×印のところにサインしてください。

모시 요께레바, 바쓰 지루시노 도꼬로니 사인시떼 구다사이

0180. 이것이 요금입니까?
☐☐

これが料金ですか。

고레가 료ー낀데스까

0181. 현금입니까, 신용카드입니까?
☐☐

現金ですか、カードですか。

겡낀데스까, 카ー도데스까

0182. 비자카드인데 괜찮습니까?

ビザカードですが、いいですか。

비자카-도데스가, 이-데스까

0183. 그걸 제게 주십시오. 카드를 긁겠습니다.

それをこちらにください。カードを切りますから。

소레오 고찌라니 구다사이. 카-도오 기리마스까라

0184. 이게 열쇠입니다.

これが鍵です。

고레가 카기데스

🗣 예약 없이 체크인할 때

0185. 오늘밤 싱글은 있습니까?

今夜のシングルはありますか。

공야노 싱구루와 아리마스까

0186. 이틀간인데 더블은 있습니까?

二日間ですが、ダブルはありますか。

후쓰카깐데스가, 다부루와 아리마스까

0187. 네, 5층에 싱글이 있습니다.

はい、5階にシングルがあります。

하이, 고까이니 싱구루가 아리마스

0188. 그것으로 부탁합니다.

それ、お願いします。

소레, 오네가이시마스

0189. 트윈은 얼마입니까?

ツインはいくらですか。

쓰잉와 이꾸라데스까

0190. 욕실이 딸린 싱글은 3천 엔이고, 욕실 없는 것은 2천 5백 엔입니다.

バスつきのシングルは3千円で、バスなしは2千5百円です。

바스쓰끼노 싱구루와 산젱엔데, 바스나시와 니셍 고햐꾸엔데스

0191. 방을 보여 주시겠습니까?

部屋を見せていただけますか。

헤야오 미세떼 이따다께마스까

0192. 네, 그러지요. 벨 보이에게 안내해 드리도록 하겠습니다.

ええ、どうぞ。ベルボーイに案内させます。

에ー, 도ー조. 베루보ー이니 안나이사세마스

🗨 방으로 짐을 옮길 때

0193. 벨 보이에게 짐을 방까지 나르도록 시킬까요?

ベルボーイに荷物を部屋まで運ばせましょうか。

베루보ー이니 니모쯔오 헤야마데 하꼬바세마쇼ー까

0194. 아닙니다, 제가 나르겠습니다.

いいえ、自分で運べます。

이ー에, 지분데 하꼬베마스

0195. 네, 부탁합니다.

はい、お願いします。

하이, 오네가이시마스

0196. 잠깐만 기다려 주십시오. 사람을 부르겠습니다.

しばらくお待ちください。誰かを呼びます。

시바라꾸 오마찌 구다사이. 다레까오 요비마스

0197. 김씨를 412호실까지 안내해 주십시오.

金さんを412号室まで案内してください。

김상오 용햐꾸쥬ー니 고ー시쯔마데 안나이시떼 구다사이

0198. 미니바는 여기입니다.

ミニバーはここです。

미니바-와 고꼬데스

0199. 미니바의 열쇠는 방 열쇠에 붙어 있습니다.

ミニバーの鍵は部屋の鍵についています。

미니바-노 카기와 헤야노 카기니 쓰이떼 이마스

0200. 커튼은 열어둘까요?

カーテンは開けておきましょうか。

카-텡와 아케떼 오끼마쇼-까

0201. (팁을 주며) 여기 받으세요.

はい、どうぞ。

하이, 도-조

🗨 체크인할 때의 트러블

0202. 오늘 밤 싱글은 비어 있습니까?

今晩シングルは空いていますか。

곰반 싱구루와 아이떼 이마스까

0203. 더블은 비어 있습니까?

ダブルは空いていますか。

다부루와 아이떼 이마스까

0204. 오늘 밤은 방이 다 찼습니다.

今晩は満室です。

곰방와 만시쯔데스

0205. 여기에 예약 확인증이 있습니다.

ここに予約の確認証があります。

고꼬니 요야꾸노 카꾸닌쇼-가 아리마스

0206. 오늘 밤은 트윈은 모두 ☐☐ 찼습니다.

今晩はツインはすべて満室です。

곰방와 쓰잉와 스베떼 만시쯔데스

0207. 트윈은 없습니다만, 더 ☐☐ 블이라면 있습니다.

ツインはありませんが、ダブルならあります。

쓰잉와 아리마셍가, 다부루나라 아리마스

A : 今晩ツインはあいていますか。
곰반 쓰잉와 아이떼 이마스까

B : 何日間お泊まりになりますか。
난니찌깡 오토마리니 나리마스까

A : 今晩だけです。
곰반다께데스

B : 2階にツインがあります。
니까이니 쓰잉가 아리마스

A : 그걸 부탁합니다.
소레오 오네가이시마스

A : 오늘 밤 트윈은 있습니까?

B : 며칠간 묵으시겠습니까?

A : 오늘 밤만입니다.

B : 2층에 트윈이 있습니다.

A : それお願いします。

방을 보여 주시겠습니까?

➡

학습일

호텔이용

STEP 1   이것만은 꼭 알아두세요.

머리에 쏙쏙!

여행을 하다 보면 쉽게 피로에 지치기도 합니다. 호텔 밖에 있는 식당을 이용하는 것이 귀찮을 때나 늦잠을 자서 식사를 방에서 하고 싶을 때는 룸서비스를 이용하는 것이 편합니다. 부탁한 요리가 오면 방 번호를 기입하고 사인을 합니다.

그밖에 호텔에 머물면서 필요한 것을 부탁할 할 때는 …をお願いします(~오 오네가이시마스/~을 부탁합니다)라고 하면 됩니다. 호텔 프런트에는 관광 정보 및 룸서비스에 대한 세부사항이 적힌 리스트가 놓여 있으므로 이것을 잘 활용하도록 합시다.

ルームサービス をお願いします。

입에
착착!

🗨 모닝콜을 부탁할 때

0208. 모닝콜은 이 번호입니 까?

モーニングコールはこの番号でしょうか。

모-닝구코-루와 고노 방고-데쇼-까

0209. 내일 아침 7시에 깨워 줄 수 있습니까?

明朝7時に起こしていただけますか。

묘-쬬- 시찌지니 오꼬시떼 이따다께마스까

0210. 7시에 모닝콜을 부탁합 니다.

7時にモーニングコールをお願いします。

시찌지니 모-닝구코-루오 오네가이시마스

0211. 체재 중 8시에 모닝콜 을 부탁합니다.

滞在中8時にモーニングコールをお願いします。

타이자이쮸- 하찌지니 모-닝구 코-루오 오네가이시마스

0212. 나는 김동수이고 707호 실입니다.

わたしは金東洙で、707号室です。

와따시와 김동수데, 나나햐꾸나나 고-시쯔데스

0213. 모닝콜 시간을 변경하 고 싶습니다.

モーニングコールの時間を変更したいの ですが。

모-닝구코-루노 지깡오 헹꼬-시따이노데스가

0214. 모닝콜을 7시에서 8시 로 바꿔 주시겠습니까?

モーニングコールの時間を7時から8時 に変更していただけますか。

모-닝구코-루노 지깡오 시찌지까라 하찌지니 헹꼬-시떼 이따 다께마스까

0215. 7시의 모닝콜을 취소하
고 싶은데요.

7時のモーニングコールをキャンセルし
たいのですが。

시찌지노 모-닝구코-루오 꺈세루시따이노데스가

🗨 룸서비스를 부탁할 때

0216. 룸서비스는 이 번호이
죠?

ルームサービスはこの番号でしょうか。

루-무사-비스와 고노 방고-데쇼-까

0217. 룸서비스를 부탁합니
다.

ルームサービスをお願いします。

루-무사-비스오 오네가이시마스

0218. 내일 아침식사를 주문
하고 싶은데요.

あしたの朝食を注文したいんですが。

아시따노 쵸-쇼꾸오 츄-몬시따인데스가

0219. 내일 아침식사를 방으
로 가져다주시겠습니
까?

あしたの朝食を部屋まで持ってきてい
ただけますか。

아시따노 쵸-쇼꾸오 헤야마데 못떼 기떼 이따다께마스까

0220. 아직 룸서비스를 하고
있습니까?

まだルームサービスはやっていますか。

마다 루-무사-비스와 얏떼 이마스까

0221. 무엇이 좋으시겠습니
까?

何がよろしいですか。

나니가 요로시-데스까

0222. 커피와 햄 샌드위치를
부탁합니다.

コーヒーとハムサンドイッチをお願いし
ます。

코-히-또 하무산도잇치오 오네가이시마스

0223. 곧 가지고 가겠습니다.

すぐお持^もちします。

스구 오모찌시마스

0224. 안녕하세요. 아침식사 가지고 왔습니다.

おはようございます。朝食^{ちょうしょく}をお持^もちしました。

오하요- 고자이마스. 쵸-쇼꾸오 오모찌시마시다

🗨 금고를 빌릴 때

0225. 귀중품을 맡기고 싶은 데요.

貴重品^{きちょうひん}を預^{あず}けたいんですが。

기쬬-힝오 아즈께따인데스가

0226. 이 서류에 기입해 주십시오.

この書類^{しょるい}に記入^{きにゅう}してください。

고노 쇼루이니 키뉴-시떼 구다사이

0227. 두 분이 사용하실 건가요?

おふたりで使用^{しよう}されますか。

오후따리데 시요-사레마스까

0228. 두 분의 서명을 부탁합니다.

おふたりのサインをお願^{ねが}いします。

오후따리노 사잉오 오네가이시마스

0229. 이 상자에 귀중품을 넣어 주십시오.

この箱^{はこ}に貴重品^{きちょうひん}を入^いれてください。

고노 하꼬니 기쬬-힝오 이레떼 구다사이

0230. 이게 열쇠입니다.

これが鍵^{かぎ}です。

고레가 카기데스

0231. 금고를 열고 싶은데요.
金庫を開けたいんですが。
킹꼬ー오 아께따인데스가

0232. 방 번호는 몇 번입니까?
部屋番号は何番ですか。
헤야 방고ー와 남반데스까

0233. 여기에 서명해 주시겠습니까?
ここにサインしていただけますか。
고꼬니 사인시떼 이따다께마스까

💬 편의시설에 대해 물을 때

0234. 사우나는 있습니까?
サウナはありますか。
사우나와 아리마스까

0235. 사우나는 언제 이용할 수 있습니까?
サウナはいつ使用できますか。
사우나와 이쯔 시요ー 데끼마스까

0236. 사우나는 유료입니까?
サウナは有料ですか。
사우나와 유ー료ー데스까

0237. 사우나에는 타월이 있습니까?
サウナにはタオルがありますか。
사우나니와 타오루가 아리마스까

0238. 풀장은 어디에 있습니까?
プールはどこにありますか。
푸ー루와 도꼬니 아리마스까

0239.	몇 시까지 레스토랑은 엽니까?	何時までレストランは開いていますか。
		난지마데 레스토랑와 아이떼 이마스까

0240.	커피숍은 몇 시에 엽니까?	何時にコーヒーショップは開きますか。
		난지니 코-히-숍푸와 히라끼마스까

0241.	나이트클럽에서는 생음악 연주를 합니까?	ナイトクラブでは生演奏がありますか。
		나이토쿠라부데와 나마엔소-가 아리마스까

💬 세탁 서비스

0242.	양복을 드라이클리닝하고 싶은데요.	スーツをドライクリーニングしたいんですが。
		스-쓰오 도라이쿠리-닝구 시따인데스가

0243.	세탁 서비스가 있습니까?	洗濯のサービスがありますか。
		센타꾸노 사-비스가 아리마스까

0244.	당일에 되는 세탁 서비스는 있습니까?	即日仕上げの洗濯のサービスはありますか。
		소꾸지쯔 시아게노 센타꾸노 사-비스와 아리마스까

0245.	언제까지 되겠습니까?	いつできあがりますか。
		이쯔 데끼아가리마스까

0246.	언제 세탁물을 배달받을 수 있습니까?	洗濯物は、いつ届けてもらえますか。
		센타꾸모노와, 이쯔 도도께떼 모라에마스까

0247. (전화로) 세탁 서비스를
□□ 부탁합니다.

洗濯のサービスをお願いします。

센타꾸노 사-비스오 오네가이시마스

0248. 세탁물은 세탁물 자루
□□ 에 넣어서 이곳으로 가
져오십시오.

洗濯物は洗濯物のふくろに入れて、こ
ちらまでお持ちください。

센타꾸모노와 센타꾸모노노 후꾸로이 이레떼, 고찌라마데 오모
찌 구다사이

0249. 이 얼룩은 빠질까요?
□□

このシミは取れるでしょうか。

고노 시미와 도레루데쇼-까

0250. 방까지 가지러 와 주지
□□ 않겠습니까?

部屋まで取りにきてくださいませんか。

헤야마데 도리니 기떼 구다사이마셍까

호텔에서의 트러블

0251. 객실계를 부탁합니다.
□□

客室係をお願いします。

캬꾸시쯔가까리오 오네가이시마스

0252. 열쇠를 잃어버렸습니
□□ 다.

鍵をなくしました。

카기오 나꾸시마시다

0253. 방에 열쇠를 넣어둔 채
□□ 로 잠가버렸습니다.

部屋に鍵を入れたままロックしてしまい
ました。

헤야니 카기오 이레따 마마 록쿠시떼 시마이마시다

0254. 에어컨이 고장입니다.
□□

エアコンが故障しています。

에아콩가 코쇼-시떼 이마스

0255. 더운 물이 나오지 않아 **お湯が出ません。**
요.
오유가 데마셍

0256. 화장실 물이 잘 내려가 **トイレの水の出が悪いんですが。**
지 않는데요.
토이레노 미즈노 데가 와루인데스가

STEP 3 > 실전대화를 해보세요.

A : **客室係ですが、ご用件は何でしょうか。**
캬꾸시쯔가까리데스가, 고요ー껭와 난데쇼ー까

B : **テレビが映りません。** 누가 와서 점검해 주시겠습니까?
테레비가 우쯔리마셍. 다레까 기떼 텡껜시떼 이따다께마스까

A : **はい。何号室でしょうか。**
하이, 낭고ー시쯔데쇼ー까

B : **223号室です。**
니햐꾸니쥬ー상 고ー시쯔데스

A : **すぐに誰かを参らせます。**
스구니 다레까오 마이라세마스

A : 객실계입니다만, 무슨 일이십니까?
B : TV가 나오지 않습니다. **誰か来て点検していただけますか。**
A : 예, 몇 호실입니까?
B : 223호실입니다.
A : 곧 사람을 보내겠습니다.

STEP 4 > 직접 쓰고 읽어보세요.

룸서비스를 부탁합니다.

➡

てていただいて、こちらこそ楽しかったです。
ちらへはどうやって行くのですか。またあ
来てもらえますか。ここの自慢料理は何で
か。地元の人がよく行くレストランはありま
か。注文を確い終了ください。注文を変う

Part

3

どこですか。何に興味をお持ちですか。ツ
ーは何時間かかりますか。料金はいくらで
か。入場は有料ですか。たくさん取ってくだ
いね。無料のパンフレットはありますか。こ

식당

えてください。これはどういう料理ですか。
ぐできますか。静かな奥の席にお願いしま

식사

STEP 1 이것만은 꼭 알아두세요.

요즘은 스마트폰을 다 가지고 가기 때문에 즉석에서 여행지 맛집을 검색할 수 있지만, 미리 맛집 정보를 얻어 여행 스케줄에 포함시키는 것도 편합니다. 만약 여행지에서 현지인과 함께 식사를 할 기회가 생긴다면, 상대에게 ~でもいかがですか(~데모 이까가데스까/~라도 하시겠습니까?)라고 정중하게 식사나 음료 등을 제의하면 됩니다. 식사가 나오면 いただきます(이따다끼마스/잘 먹겠습니다)라고 말하고, 식사를 다 마쳤을 때는 ごちそうさまでした(고찌소-사마데시다/잘 먹었습니다)라고 합니다.

여러 번 듣고 소리내어 반복해서 읽어보세요.

🗨 아침식사를 주문할 때

0257. 커피를 드시겠습니까?

コーヒーはいかがですか。

코ー히ー와 이까가데스까

0258. 아침식사는 무엇을 드시겠습니까?

朝 食は何を召しあがりますか。

쵸ー쇼꾸와 나니오 메시아가리마스까

0259. 대표적인 일본 아침식사로는 무엇이 나옵니까?

代 表 的な日本の朝食にはどんなものが出ますか。

다이효ー테끼나 니혼노 쵸ー쇼꾸니와 돈나 모노가 데마스까

0260. 일본에서는 아침식사로 무엇을 먹습니까?

日本では朝食に何を食べますか。

니혼데와 쵸ー쇼꾸니 나니오 다베마스까

0261. 아침식사에는 언제나 된장국이 나옵니다.

朝 食にはいつもみそ汁がつきます。

쵸ー쇼꾸니와 이쯔모 미소시루가 쓰끼마스

0262. 어떤 주스로 하시겠습니까?

どのジュースになさいますか。

도노 쥬ー스니 나사이마스까

0263. 프렌치토스트나 팬케이크 중에 어느 것으로 하시겠습니까?

フレンチトーストかパンケーキのどちらになさいますか。

후렌치토ー스토까 팡케ー키노 도찌라니 나사이마스까

0264. 팬케이크를 주십시오.

パンケーキをお願_{ねが}いします。

팡케-키오 오네가이시마스

0265. 계란은 어떻게 요리할 까요?

たまごはどのように料理_{りょうり}しましょうか。

다마고와 도노요-니 료-리시마쇼-까

🍽 점심식사를 주문할 때

0266. 점심식사는 무엇으로 드시겠습니까?

昼_{ちゅうしょく} 食_{なに}は何になさいますか。

츄-쇼꾸와 나니니 나사이마스까

0267. 햄 샌드위치와 콜라를 주십시오.

ハムサンドとコーラをお願_{ねが}いします。

하무산도또 코-라오 오네가이시마스

0268. 스테이크는 어떻게 요 리할까요?

ステーキはどのように料理_{りょうり}しましょうか。

스테-키와 도노요-니 료-리시마쇼-까

0269. 웰던으로 부탁합니다.

ウエルダンでお願_{ねが}いします。

우에루단데 오네가이시마스

0270. 진저엘은 어떤 크기로 드릴까요?

ジンジャーエールはどのサイズにされますか。

진쟈-에-루와 도노 사이즈니 사레마스까

0271. 중간 것을 부탁합니다.

中_{ちゅう}をお願_{ねが}いします。

츄-오 오네가이시마스

0272. 도넛과 커피를 주십시오.

ドーナツとコーヒーをお願いします。

도-나츠또 코-히-오 오네가이시마스

0273. 도넛은 어느 것으로 드릴까요?

ドーナツはどれになさいますか。

도-나츠와 도레니 나사이마스까

0274. 이것을 주십시오.

これをお願いします。

고레오 오네가이시마스

0275. 알겠습니다.

わかりました。

와까리마시다

🍔 햄버거 가게에서

0276. 햄버거 2개와 초콜릿 밀크셰이크 2개 주십시오.

ハンバーガー2つと、チョコレートミルクシェーク2つお願いします。

함바-가- 후타츠또, 쵸코레-토미루쿠 셰-쿠 후타쯔 오네가이시마스

0277. 여기서 드시겠습니까, 가지고 가시겠습니까?

ここで召し上がりますか、お持ち帰りですか。

고꼬데 메시아가리마스까, 오모치카에리데스까

0278. 여기서 먹겠습니다.

ここで食べます。

고꼬데 다베마스

0279. 가지고 가겠습니다.

持ち帰ります。

모치카에리마스

0280. 햄버거에 무엇을 얹을 □□ 까요?

ハンバーガーには何<ruby>なに</ruby>をのせますか。

함바-가-니와 나니오 노세마스까

0281. 양파를 제외하고 전부 □□ 얹어주세요.

たまねぎ以外<ruby>いがい</ruby>はすべてのせてください。

다마네기 이가이와 스베떼 노세떼 구다사이

0282. 상추와 피클을 부탁합 □□ 니다.

レタスとピクルスをお願<ruby>ねが</ruby>いします。

레타스또 피쿠루스오 오네가이시마스

0283. 겨자와 케첩도 바를까 □□ 요?

マスタードとケチャップもつけますか。

마스타-도또 케챱푸모 쓰께마스까

0284. 예, 그러십시오. □□

はい、お願<ruby>ねが</ruby>いします。

하이, 오네가이시마스

0285. 다른 것은요? □□

他<ruby>ほか</ruby>には何<ruby>なに</ruby>か。

호까니와 나니까

0286. 전부 천2백 엔입니다. □□

全部<ruby>ぜんぶ</ruby>で千2百円<ruby>せんひゃくえん</ruby>です。

젬부데 센니햐꾸엔데스

🗨 일식요리점에서

0287. 모처럼 일본요리를 먹 □□ 어보는 게 어떨까요?

ひさしぶりに日本料理<ruby>にほんりょうり</ruby>を食<ruby>た</ruby>べてみるの はどうですか。

히사시부리니 니혼료-리오 다베떼 미루노와 도-데스까

0288. 소바와 우동의 차이는
어디에 있습니까?

そばとうどんの違いはどこにあるので
すか。

소바또 우돈노 치가이와 도꼬니 아루노데스까

0289. 소바는 그다지 살찌지
않아서 다이어트 하는
사람에게 인기가 있습
니다.

そばはあまり太らないので、ダイエット
している人に人気があります。

소바와 아마리 후또라나이노데, 다이엣토시떼 이루 히또니 닝끼
가 아리마스

0290. 스키야키의 주된 재료
는 쇠고기이지만, 튀김
의 경우는 주로 새우,
생선, 야채를 튀긴 것입
니다.

すきやきの主な材料は牛肉ですが、て
んぷらの場合は、えび、魚、野菜を揚げ
たものが主です。

스키야끼노 오모나 자이료ー와 규ー니꾸데스가, 템뿌라노 바아이
와, 에비, 사까나, 야사이오 아게따 모노가 슈데스

0291. 초밥을 주십시오.

すしをお願いします。

스시오 오네가이시마스

0292. 생선회는 얇게 썬 날생
선입니다. 간장에 찍어
서 먹습니다.

刺身は薄く切った生の魚です。しょう油
につけて食べます。

사시미와 우스꾸 깃따 나마노 사까나데스. 쇼ー유니 쓰케떼 다베
마스

🗨 커피숍에서

0293. 목이 마릅니다.

のどが渇きました。

노도가 가와끼마시다

0294. 배가 고픕니다.

おなかがすきました。

오나까가 스끼마시다

0295. 커피숍에 들르지 않겠습니까?

コーヒーショップに寄^よっていきませんか。

코-히-숍푸니 욧떼 이끼마셍까

0296. 저 커피숍에 들릅시다.

あのコーヒーショップに寄^よりましょう。

아노 코-히-숍푸니 요리마쇼-

0297. 그거 좋은 생각이군요.

それはいい考^{かんが}えですね。

소레와 이- 캉가에데스네

0298. 무얼 드시겠습니까?

何^{なに}を召^めしあがりますか。

나니오 메시아가리마스까

0299. 찬 걸 좀 마시고 싶습니다.

何^{なに}か冷^{つめ}たいものがほしいです。

나니까 쓰메따이 모노가 호시-데스

0300. 오렌지주스는 어떠십니까?

オレンジジュースはいかがですか。

오렌지쥬-스와 이까가데스까

0301. 레모네이드를 마시겠습니다.

レモネードをいただきます。

레모네-도오 이따다끼마스

0302. 나는 커피와 초콜릿 케이크로 하겠습니다.

わたしはコーヒーとチョコレートケーキにします。

와따시와 코-히-또 쵸코레-토 케-키니 시마스

0303. 나도 치즈 케이크를 먹
겠습니다.

わたしもチーズケーキを食べます。

와따시모 치-즈케-키오 다베마스

🗨 바에서

0304. 맥주 한 잔 주십시오.

ビール1杯お願いします。

비-루 입빠이 오네가이시마스

0305. 생맥주입니까, 병맥주
입니까?

生ですか、ビンですか。

나마데스까, 빈데스까

0306. 생맥주입니다.

生ビールです。

나마비-루데스

0307. 라이트 맥주입니까, 흑
맥주입니까?

ライトビールですか、黒ビールですか。

라이토 비-루데스까, 쿠로 비-루데스까

0308. 수입 맥주 있습니까?

輸入もののビールはありますか。

유뉴-모노노 비-루와 아리마스까

0309. 피처 하나에 컵 4개를
주십시오.

ピッチャー1杯に4つのコップをつけてく
ださい。

핏챠- 입빠이니 욧쯔노 콥푸오 쓰케떼 구다사이

0310. 어떤 사이즈입니까?

どのサイズですか。

도노 사이즈데스까

0311. 이 사이즈를 부탁합니다.

このサイズをお願<small>ねが</small>いします。

고노 사이즈오 오네가이시마스

0312. 3백 50엔입니다.

3百<small>びゃく</small>50円<small>えん</small>です。

삼뱌꾸 고쥬-엔데스

0313. 거스름돈은 받아두세요.

おつりは取<small>と</small>っておいてください。

오쓰리와 돗떼 오이떼 구다사이

💬 주문이 잘못 되었을 때

0314. 식사가 아직 오지 않았습니다.

まだ料理<small>りょうり</small>がきていません。

마다 료-리가 기떼 이마셍

0315. 이건 내가 주문한 것과 다른 것 같은데요.

これはわたしの注文<small>ちゅうもん</small>したものと違<small>ちが</small>うと思<small>おも</small>いますが。

고레와 와따시노 츄-몬시따 모노또 치가우또 오모이마스가

0316. 이건 내가 주문한 것과 달라 보이는데요.

これはわたしの注文<small>ちゅうもん</small>したものと違<small>ちが</small>うようですが。

고레와 와따시노 츄-몬시따 모노또 치가우요-데스가

0317. 스테이크를 주문하시지 않았습니까?

ステーキを注文<small>ちゅうもん</small>されませんでしたか。

스테-키오 츄-몬사레 마센데시다까

0318. 이건 너무 익혔군요.

これは焼<small>や</small>きすぎです。

고레와 야끼스기데스

0319. 이건 짜서 먹을 수가 없
□ □ 습니다.

これは塩辛^{しおから}くて食^たべられません。

고레와 시오카라쿠떼 다베라레마셍

0320. 이것을 바꿔 주십시오.
□ □

これを換^かえてください。

고레오 가에떼 구다사이

STEP 3   실전대화를 해보세요.

둘이서
쌀라쌀라!

A :   ダブルバーガーふたつと、コーラの小^{しょう}ふたつをお願^{ねが}いします。

다부루 바―가― 후타쯔또, 코―라노 쇼― 후타쯔오 오네가이시마스

B :   <u>여기서 드시겠습니까, 가지고 가시겠습니까?</u>

고꼬데 메시아가리마스까, 오모찌카에리데스까

A :   ここで食^たべます。

고꼬데 다베마스

B :   ハンバーガーには何^{なに}をのせますか。

함바―가―니와 나니오 노세마스까

A :   たまねぎ以外^{いがい}はすべてのせてください。

다마네기 이가이와 스베떼 노세떼 구다사이

A :   더블버거 2개와 작은 크기의 콜라 2개를 주십시오.

B :   ここで召^めし上^あがりますか、お持^もち帰^{かえ}りですか。

A :   여기서 먹겠습니다.

B :   햄버거에는 무엇을 얹을까요?

A :   양파를 제외하고는 모두 얹어 주십시오.

STEP 4   직접 쓰고 읽어보세요.

손으로
또박또박!

일본에서는 아침식사로 무엇을 먹습니까?

➡

레스토랑

STEP 1 이것만은 꼭 알아두세요.

보통 여행 중에 맛집으로 소문난 곳이라든가 큰 레스토랑을 들를 때는 미리 예약을 하고 가는 게 좋습니다.

예약을 했든 안 했든 일단 식당에 들어서면 종업원의 안내에 따라 테이블에 앉게 되며, 테이블이 정해지면 주문을 받게 됩니다. 메뉴를 보고 싶을 때는 종업원에게 メニューを見せてください(메뉴-오 미세떼 구다사이/메뉴를 보여 주세요)라고 하고, 주문할 요리가 정해지면 메뉴를 가리키며 これをください(고레오 구다사이/이걸 주세요)라고 하면 됩니다.

STEP 2 여러 번 듣고 소리내어 반복해서 읽어보세요.

🗨 예약할 때

0321. 저녁식사는 예약이 필
요합니까?

夕食は予約が必要でしょうか。

유−쇼꾸와 요야꾸가 히쯔요−데쇼−까

0322. 저녁에는 손님이 많으
니까 예약을 하는 편이
좋을 것 같습니다.

夜は混みますので、予約をしたほうがい
いと思います。

요루와 고미마스노데, 요야꾸오 시따 호−가 이−또 오모이마스

0323. 오늘 밤 7시쯤에 저녁
식사를 예약하려는데
요.

今夜7時ごろに夕食の予約をお願いした
いんですが。

공야 시찌지 고로니 유−쇼꾸노 요야꾸오 오네가이시따인데스가

0324. 오늘 밤 6시에 3인석을
예약하려는데요.

今夜6時に3人予約したいんですが。

공야 로꾸지니 산닝 요야꾸시따인데스가

0325. 흡연석입니까, 금연석
입니까?

喫煙席ですか、禁煙席ですか。

기쯔엔세끼데스까, 깅엔세끼데스까

0326. 흡연석을 부탁합니다.

喫煙席をお願いします。

기쯔엔세끼오 오네가이시마스

0327. 성함을 말씀해 주십시
오.

お名前をお願いします。

오나마에오 오네가이시마스

0328. 저는 이진우입니다. 엘
이이 제이아이엔 더블
류오오입니다.

わたしは李珍宇です。エルイーイー・ジェ
イアイエヌ・ダブリューオーオーです。

와따시와 이진우데스. LEE JIN WOO데스

0329. 6시에 두 분으로 금연
석 예약이지요. 이진우
씨 감사합니다.

6時に2名様で禁煙テーブルをご予約です
ね。李珍宇様、ありがとうございます。

로꾸지니 니메이사마데 깅엔테-부루오 고요야꾸데스네. 이진우
사마 아리가또- 고자이마스

0330. 잘 부탁하겠습니다.

よろしくお願いします。

요로시꾸 오네가이시마스

📢 예약을 취소할 때

0331. 이진우입니다만, 오늘
밤 7시 예약을 취소하
고 싶은데요.

李珍宇ですが、今夜7時の予約を取り
消したいのですが。

이진우데스가, 공야 시찌지노 요야꾸오 도리케시따이노데스가

0332. 잠깐만 기다리십시오.

しばらくお待ちください。

시바라꾸 오마찌 구다사이

0333. 예, 이진우 선생님. 오
늘밤 예약을 취소했습
니다.

はい、李珍宇さま、今夜のご予約を取り
消しました。

하이, 이진우사마, 공야노 고요야꾸오 도리케시마시다

0334. 다음에 찾아주실 것을
기대하겠습니다.

またの日のご来店をお待ちしておりま
す。

마따노 히노 고라이뗑오 오마찌시떼 오리마스

0335. 그러길 바랍니다.

そう願_{ねが}います。

소- 네가이마스

0336. 천만에요.

どういたしまして。

도-이따시마시테

💬 레스토랑에서

0337. 코트를 여기에 겁시다.

コートをここにかけましょう。

코-토오 고꼬니 가께마쇼-

0338. 소지품을 여기에 맡길까요?

持_もち物_{もの}をここに預_{あず}けましょうか。

모찌모노오 고꼬니 아즈께마쇼-까

0339. 7시에 예약을 했습니다.

7時_じに予約_{よやく}しています。

시찌지니 요야꾸시떼 이마스

0340. 예약은 하지 않았는데요, 2인석 있습니까?

予約_{よやく}はしていないのですが、ふたりぶんの席_{せき}はありますか。

요야꾸와 시떼 이나이노데스가, 후따리 분노 세끼와 아리마스까

0341. 얼마나 기다려야 합니까?

どれくらい待_またなければなりませんか。

도레 쿠라이 마따나께레바 나리마셍까

0342. 알겠습니다. 저기서 기다리겠습니다.

わかりました。そちらで待_まちます。

와까리마시다. 소찌라데 마찌마스

0343. 바에서 기다리겠습니다.

バーで待^まっています。

바ー데 맛떼 이마스

0344. 성함을 말씀해 주십시오.

お名前^{な まえ}をお願^{ねが}いします。

오나마에오 오네가이시마스

🗨 자리를 고를 때

0345. 저녁식사 2명 부탁합니다.

夕食^{ゆうしょくめい}2名お願^{ねが}いします。

유ー쇼꾸 니메ー 오네가이시마스

0346. 금연석을 부탁합니다.

禁煙席^{きんえんせき}をお願^{ねが}いします。

깅엔세끼오 오네가이시마스

0347. 창 쪽 자리가 좋겠는데요.

窓側^{まどがわ}の席^{せき}がいいんですが。

마도가와노 세끼가 이인데스가

0348. 저, 만약 가능하다면 부스석이 좋겠는데요.

ええっと、もし可能^{か のう}なら、ブースの席^{せき}がいいんですが。

에엣또, 모시 카노ー나라, 부ー스노 세끼가 이인데스가

0349. 만약 가능하다면 조용한 구석자리가 좋겠는데요.

もし可能^{か のう}なら、すみの静^{しず}かなテーブルがいいんですが。

모시 카노ー나라, 스미노 시즈까나 테ー부루가 이인데스가

0350. 저 테이블이면 되겠습니까?

あのテーブルでよろしいですか。

아노 테ー부루데 요로시ー데스까

0351. 알겠습니다.

わかりました。

와까리마시다

🗨️ 식탁에서

0352. 메뉴 여기 있습니다.

こちらがメニューでございます。

고찌라가 메뉴-데 고자이마스

0353. 주문하시기 전에 마실 것을 좀 드시겠습니까?

ご注文の前に何かお飲物を召しあがりますか。

고츄-몬노 마에니 나니까 오노미모노오 메시아가리마스까

0354. 맥주를 부탁합니다.

ビールをお願いします。

비-루오 오네가이시마스

0355. 부인은 어떠십니까?

奥さまはいかがですか。

오꾸사마와 이까가데스까

0356. 좋습니다.

お願いします。

오네가이시마스

0357. 진 토닉을 부탁합니다.

ジントニックをお願いします。

진토닉쿠오 오네가이시마스

0358. 와인 목록을 보여 주시겠습니까?

ワインリストを見せていただけますか。

와인 리스토오 미세떼 이따다께마스까

0359. 적포도주 2잔 부탁합니다.

赤ワインをグラスでふたり分お願いします。

아까 와잉오 구라스데 후따리붕 오네가이시마스

0360. 곧 돌아오겠습니다.

すぐに戻ります。

스구니 모도리마스

🗨 식사를 주문할 때

0361. 결정을 하셨습니까?

お決まりになりましたでしょうか。

오키마리니 나리마시타데쇼-까

0362. 좀 더 생각할 시간을 주시겠습니까?

もう少し考えさせていただけますか。

모- 스꼬시 강가에 사세떼 이따다께마스까

0363. 오늘의 특별요리는 무엇입니까?

きょうの特別料理は何ですか。

쿄-노 토꾸베쯔 료-리와 난데스까

0364. 이것은 무슨 요리입니까?

これはどんな料理ですか。

고레와 돈나 료-리데스까

0365. 뭐가 빨리 됩니까?

何が早くできますか。

나니가 하야꾸 데끼마스까

0366. 새우를 부탁합니다.

エビをお願いします。

에비오 오네가이시마스

0367. 스테이크 디너를 부탁
합니다.

ステーキディナーをお願_{ねが}いします。

스테−키디나−오 오네가이시마스

0368. 어떻게 요리할까요?

どのように料理_{りょうり}しましょうか。

도노요−니 료−리시마쇼−까

0369. 웰던으로 해 주십시오.

ウエルダンにしてください。

우에루단니 시떼 구다사이

0370. 같은 것을 주십시오.

同_{おな}じものをください。

오나지 모노오 구다사이

0371. 저도 같은 것으로 하겠
습니다만, 레어로 부탁
합니다.

わたしも同_{おな}じものにしますが、レアでお
願_{ねが}いします。

와따시모 오나지 모노니 시마스가, 레아데 오네가이시마스

🗨 식사 중에

0372. 모두 괜찮습니까?

すべてよろしいですか。

스베떼 요로시−데스까

0373. 네, 모두 훌륭합니다.

はい、すべてすばらしいです。

하이, 스베떼 스바라시−데스

0374. 네, 모두 괜찮습니다.

はい、すべてけっこうです。

하이, 스베떼 겍꼬−데스

0375. 메뉴를 다시 한 번 보여
주시겠습니까?

メニューをもう一度（いちど）見（み）せていただけますか。

메뉴-오 모- 이찌도 미세떼 이따다께마스까

0376. 빵을 더 주시겠습니까?

もっとパンをいただけますか。

못또 팡오 이따다께마스까

0377. 다른 것은 있습니까?

他（ほか）にはございますか。

호까니와 고자이마스까

0378. 접시를 하나 더 주시겠
습니까?

もう1枚（まい）お皿（さら）をいただけますか。

모- 이찌마이 오사라오 이따다께마스까

0379. 미안합니다만, 서둘러
주세요.

すみませんが、急（いそ）いでください。

스미마셍가, 이소이데 구다사이

🍮 디저트를 주문할 때

0380. 디저트는 무엇을 드시
겠습니까?

デザートは何（なに）になさいますか。

데자-토와 나니니 나사이마스까

0381. 디저트 메뉴를 부탁합
니다.

デザートメニューをお願（ねが）いします。

데자-토 메뉴-오 오네가이시마스

0382. 알겠습니다.

かしこまりました。

카시꼬마리마시다

0383. 디저트는 무얼 추천하
시겠습니까?

デザートは何_{なに}がおすすめですか。

데자-토와 나니가 오스스메데스까

0384. 과일은 어떤 것이 있습
니까?

果物_{くだもの}はどんなものがありますか。

구다모노와 돈나 모노가 아리마스까

0385. 디저트는 아이스크림을
주십시오.

デザートにはアイスクリームをください。

데자-토니와 아이스쿠리-무오 구다사이

0386. 커피만 부탁합니다.

コーヒーだけお願_{ねが}いします。

코-히-다께 오네가이시마스

🗨 계산을 할 때

0387. 계산을 부탁합니다.

お勘定_{かんじょう}をお願_{ねが}いします。

오칸죠-오 오네가이시마스

0388. 어디서 계산을 합니까?

勘定_{かんじょう}はどこで払_{はら}うんですか。

간죠-와 도꼬데 하라운데스까

0389. 3인분을 함께 지불하겠
습니다.

3人_{にん}ぶんまとめて払_{はら}います。

산님붐 마또메떼 하라이마스

0390. 합계 금액이 틀린 것 같
군요.

合計金額_{ごうけいきんがく}が間違_{まちが}っているようですよ。

고-께-킹가꾸가 마치갓떼 이루요-데스요

0391. 봉사료는 계산에 포함 되어 있습니까?	サービス料は勘定に含まれていますか。
	사-비스료-와 간죠-니 후꾸마레떼 이마스까

0392. 따로따로 지불하려는데 요.	別々に支払いたいんですが。
	베쯔베쯔니 시하라이따인데스가

STEP 3 실전대화를 해보세요.

A: メニューをもう一度見せていただけますか。
메뉴-오 모- 이찌도 미세떼 이따다께마스까

B: はい、しばらくお待ちください。
하이, 시바라꾸 오마찌 구다사이

A: マッシュルームスープを1杯お願いします。
맛슈루-무스-푸오 입빠이 오네가이시마스

B: 다른 것은요?
호까니와 고자이마스까

A: いいえ、それでけっこうです。
이-에, 소레데 겍꼬-데스

A: 메뉴를 한 번 더 보여주시겠습니까?

B: 예. 잠깐만 기다리세요.

A: (잠시 후에) 버섯 수프를 하나 부탁합니다.

B: 他にはございますか。

A: 아뇨, 그것이면 됩니다.

STEP 4 직접 쓰고 읽어보세요.

오늘의 특별요리는 무엇입니까?

➡

Part

4

교통

시내관광

요즘은 단체관광보다 개인 자유여행을 즐기는 사람이 많이 늘어났습니다. 그래서 여행을 떠나기 전에 여행지에 대해서 많은 정보를 미리 조사하기 때문에 현지에 가서 헤매는 경우는 그다지 많지 않습니다. 하지만 여행지에 막상 도착하면 정보와는 다른 경우도 있어 당황하는 경우가 있는데 이때는 현지의 観光案内所(캉꼬-안나이죠)를 잘 활용하면 보다 편하게 여행을 할 수 있습니다. 관광안내소에서는 관광에 필요한 안내지도, 지하철, 버스 노선도 등이 구비되어 있으므로 현지에서의 정보 수집에 많은 도움이 됩니다.

STEP 2 여러 번 듣고 소리내어 반복해서 읽어보세요.

🗨 관광안내소에서

0393. 시내 지도 있습니까?

市内の地図はありますか。

시나이노 치즈와 아리마스까

0394. 버스터미널은 어떻게 가면 됩니까?

バスターミナルへはどのように行けばいいですか。

바스타－미나루에와 도노요－니 이께바 이－데스까

0395. 중앙역까지는 어떻게 가는 게 가장 좋을까요?

中央駅まではどのように行くのがいちばんいいでしょうか。

츄－오－에끼마데와 도노요－니 이꾸노가 이찌방 이－데쇼－까

0396. (지도를 가리키며) 지금, 당신은 여기에 있습니다.

今、あなたはここにいます。

이마, 아따나와 고꼬니 이마스

0397. 당신이 가는 곳은 여기입니다.

あなたの行き先はここです。

아나따노 유끼사끼와 고꼬데스

0398. 이 거리를 2블록 걸어가서 버스 정류장으로 가세요.

この通りを2ブロック歩いて、バスの停留所へ行ってください。

고노 도－리오 니 부록쿠 아루이떼, 바스노 테－류－죠에 잇떼 구다사이

0399. 시내행이면 아무 버스
라도 괜찮으니까, 그걸
타고 버스터미널에서
내리세요.

市内行きならどのバスでもいいので、そ
れに乗り、バスターミナルで降りてくだ
さい。

시나이 유끼나라 도노 바스데모 이－노데, 소레니 노리, 바스타－
미나루데 오리떼 구다사이

0400. 버스 요금은 얼마입니
까?

バスの料金はいくらですか。

바스노 료－낑와 이꾸라데스까

0401. 버스는 어느 정도의 간
격으로 운행되고 있습
니까?

バスはどのくらいの間隔で走っています
か。

바스와 도노 쿠라이노 캉카꾸데 하싯떼 이마스까

0402. 약 15분 간격입니다.

約15分おきです。

야꾸 쥬－고훙 오끼데스

🗣 길을 물을 때

0403. 실례지만, 메이지 거리
1712번지는 어디입니
까?

すみませんが、明治通り1712番はどこ
ですか。

스미마셍가, 메－지도－리 센나나햐꾸쥬－니방와 도꼬데스까

0404. 17번가는 이 길로 4블
록 가면 있습니다.

17番街はこちらへ4ブロック行ったとこ
ろです。

쥬－나나방가이와 고찌라에 욤 부록쿠 잇따 도꼬로데스

0405. 우리는 메이지 거리에
있습니다.

わたしたちは明治通りにいます。

와따시타찌와 메－지도－리니 이마스

0406. 그것은 오른쪽입니까, 왼쪽입니까?

それは右側ですか、左側ですか。

소레와 미기가와데스까, 히다리가와데스까

0407. 오른쪽입니다.

それは右側です。

소레와 미기가와데스

0408. 이 거리를 5블록 가면 있습니다.

この通りを5ブロック歩いたところです。

고노 도-리오 고 부록쿠 아루이따 도꼬로데스

0409. 삼성상사는 찾기 쉽습니까?

三星商事はすぐわかりますか。

삼성쇼-지와 스구 와까리마스까

0410. 그것은 높은 회색 빌딩입니다.

それは高い灰色のビルです。

소레와 다까이 하이이로노 비루데스

0411. 금방 찾을 겁니다.

すぐ見つかると思います。

스구 미쓰까루또 오모이마스

0412. 삼성상사는 이 근처입니까?

三星商事はこのへんですか。

삼성 쇼-지와 고노 헨데스까

🗨 거리에서

0413. 미안합니다. 여기는 처음이라서요.

すみません。この辺ははじめてなんですが。

스미마셍. 고노 헹와 하지메떼난데스가

83

0414. 차로 가실 겁니까?

お車ですか。
くるま

오쿠루마데스까

0415. 도보입니다.

歩きです。
ある

아루끼데스

0416. 그곳에 걸어서 갈 수 있습니까?

そこへは歩いていけますか。
ある

소꼬에와 아루이떼 이께마스까

0417. 걸어가기에는 너무 멉니다.

歩いていくには遠すぎます。
ある　　　　とお

아루이떼 이꾸니와 도ー스기마스

0418. 택시로 가는 게 좋겠군요.

タクシーで行ったほうがいいでしょう。
い

타쿠시ー데 잇따 호ー가 이ー데쇼ー

0419. 여기에서 얼마나 걸립니까?

ここからはどれくらいかかりますか。

고꼬까라와 도레 쿠라이 가까리마스까

0420. 이 길이 역 방향입니까?

これは駅の方向ですか。
えき　　ほうこう

고레와 에끼노 호ー꼬ー데스까

🗨 교통수단을 물을 때

0421. 10시에 픽업하러 사람을 보내겠습니다.

だれかを10時にピックアップに行かせます。
じ　　　　　　　　　　　　い

다레까오 쥬ー지니 픽쿠압푸니 이까세마스

0422. 그랜드 호텔에 묵고 있습니다.

グランドホテルに泊まっています。

구란도 호테루니 도맛떼 이마스

0423. 로비에서 그분을 기다리겠습니다.

ロビーでその方をお待ちしています。

로비-데 소노 카따오 오마찌시떼 이마스

0424. 누군가가 그랜드 호텔에서 11시에 픽업할 것입니다.

だれかがグランドホテルで11時にピックアップします。

다레까가 구란도 호테루데 쥬-이찌지니 픽쿠압푸 시마스

0425. 거기에는 어떻게 가면 좋을까요?

そちらへはどのように行けばいいでしょうか。

소찌라에와 도노요-니 이께바 이-데쇼-까

0426. 차를 갖고 계십니까?

車をお持ちですか。

구루마오 오모찌데스까

0427. 저는 차를 운전하지 않습니다.

わたしは車を運転しません。

와따시와 구루마오 운뗀시마셍

0428. 누가 픽업해 주실 수 있겠습니까?

誰かピックアップしていただけますか。

다레 까 픽쿠압푸시떼 이따다께마스까

0429. 미안합니다만, 내일은 픽업하러 갈 사람이 없습니다.

すみませんが、あしたは誰もピックアップできません。

스미마셍가, 아시따와 다레모 픽쿠압푸 데끼마셍

💬 길을 잃었을 때

0430. 길을 잃은 것 같습니다.
道に迷ったみたいです。
미찌니 마욧따 미따이데스

0431. 여기는 어디죠?
ここはどこですか。
고꼬와 도꼬데스까

0432. 이 지도에서 나는 어디에 있습니까?
この地図ではわたしはどこにいますか。
고노 치즈데와 와따시와 도꼬니 이마스까

0433. 이 지도에 표시해 주십시오.
この地図に印をつけてください。
고노 치즈니 시루시오 쓰케떼 구다사이

0434. 그랜드 호텔은 어느 방향입니까?
グランドホテルはどちらの方向ですか。
구란도 호테루와 도찌라노 호-꼬-데스까

0435. 저 높은 건물 옆입니다.
あの高い建物のよこです。
아노 다까이 다떼모노노 요꼬데스

0436. 역에는 어떻게 가면 됩니까?
駅へはどのように行けばいいですか。
에끼에와 도노요-니 이께바 이-데스까

0437. 힐튼 호텔까지 어떻게 가면 좋은지 가르쳐 주시겠습니까?
ヒルトンホテルまでどう行ったらいいか教えていただけますか。
히루통 호테루마데 도- 잇따라 이-까 오시에떼 이따다께마스까

0438. 무엇인가 표시가 될 만
□□ 한 것은 있습니까?

何か目印になるものはありますか。
<ruby>何<rt>なに</rt></ruby>か<ruby>目印<rt>めじるし</rt></ruby>になるものはありますか。

나니까 메지루시니 나루 모노와 아리마스까

0439. 이곳은 처음입니다.
□□

ここは初めてなんです。
ここは<ruby>初<rt>はじ</rt></ruby>めてなんです。

고꼬와 하지메떼난데스

STEP 3 실전대화를 해보세요.

A : こちらがバスターミナルの方向ですか。
こちらがバスターミナルの<ruby>方向<rt>ほうこう</rt></ruby>ですか。

고찌라가 바스타ー미나루노 호ー꼬ー데스까

B : はい、歩いていらっしゃいますか。
はい、<ruby>歩<rt>ある</rt></ruby>いていらっしゃいますか。

하이, 아루이떼 이랏샤이마스까

A : 그곳에는 걸어서 갈 수 있습니까?

소꼬에와 아루이떼 이께마스까

B : 歩いていくには遠すぎます。タクシーで行ったほうがい
いでしょう。
<ruby>歩<rt>ある</rt></ruby>いていくには<ruby>遠<rt>とお</rt></ruby>すぎます。タクシーで<ruby>行<rt>い</rt></ruby>ったほうがいいでしょう。

아루이떼 이꾸니와 도ー스기마스. 타쿠시ー데 잇따 호ー가 이ー데쇼ー

A : どれくらいかかりますか。

도레 쿠라이 가까리마스까

A : 이 길이 버스터미널 방향입니까?

B : 예, 걸어가시겠습니까?

A : そこへは歩いていけますか。
そこへは<ruby>歩<rt>ある</rt></ruby>いていけますか。

B : 걸어가기에는 너무 멉니다. 택시를 타는 게 좋겠어요.

A : 어느 정도 걸립니까?

STEP 4 직접 쓰고 읽어보세요.

길을 잃은 것 같습니다.

➡

Unit 02

시내의 대중교통

STEP 1 이것만은 꼭 알아두세요.

여행지에서 단체여행인 경우에는 전세버스로 돌아다니므로 직접 대중교통을 이용할 기회가 많지 않습니다. 하지만, 자유여행일 경우에는 대중교통을 이용해서 관광을 즐겨야 합니다. 물론 차를 렌트해서 돌아다니는 경우도 있지만, 일본의 경우는 대중교통이 무척 발달되어 있기 때문에 미리 노선을 알아두어 이용하면 무척 편하게 여행을 즐길 수 있습니다. 만약 택시를 이용할 때 말이 통하지 않으면 가고 싶은 곳의 주소를 적어서 택시기사에게 주거나, 목적지를 말하며 ～までお願いします(～마데 오네가이시마스/～까지 가주세요)라고 기사에게 말하면 됩니다.

여러 번 듣고 소리내어 반복해서 읽어보세요.

🗣 교통기관을 찾을 때

0440. 국립박물관에는 대중교
□□ 통으로 쉽게 갈 수 있습
니까?

国立博物館へは公共の交通機関で簡単
に行けますか。

고쿠리쯔하쿠부츠깡에와 코-꾜-노 코-쓰-키깐데 간딴니 이께
마스까

0441. 그건 어렵지요.
□□

それは難しいですね。

소레와 무즈까시-데스네

0442. 택시로 가는 게 좋겠어
□□ 요.

タクシーで行ったほうがいいでしょう。

타꾸시-데 잇따 호-가 이-데쇼-

0443. 우에노 역에는 버스로
□□ 갈 수 있습니까?

上野駅にはバスで行けますか。

우에노에끼니와 바스데 이께마스까

0444. 신주쿠 역으로 가는 데
□□ 가장 좋은 방법은 무엇
입니까?

新宿駅に行くのにいちばんいい方法は
何ですか。

신쥬쿠에끼니 이꾸노니 이찌방 이- 호-호-와 난데스까

0445. 전철로 갈 수 있습니다.
□□

電車で行けます。

덴샤데 이께마스

0446. 가장 가까운 버스 정류
□□ 장은 어디입니까?

最寄りのバス停はどこですか。

모요리노 바스테-와 도꼬데스까

89

0447. 저 빌딩 옆입니다.
□□

あのビルのとなりです。

아노 비루노 도나리데스

0448. 4번 버스를 타세요.
□□

4番のバスに乗ってください。

욤반노 바스니 놋떼 구다사이

0449. 시내 교통기관 1일 승
□□ 차권은 있습니까?

市の交通機関の一日乗車券はありますか。

시노 코－쓰ー키깐노 이찌니찌 죠ー샤껭와 아리마스까

0450. 타기 전에 표를 사야 합
□□ 니다.

乗る前に切符を買わなければなりません。

노루 마에니 깁뿌오 가와나께레바 나리마셍

🗨 택시를 탈 때

0451. 택시는 어디서 탈 수 있
□□ 습니까?

タクシーはどこで乗れますか。

타꾸시ー와 도꼬데 노레마스까

0452. 택시를 불러 주시겠습
□□ 니까?

タクシーを呼んでいただけますか。

타꾸시ー오 욘데 이따다께마스까

0453. 우에노 공원까지 부탁
□□ 합니다.

上野公園までお願いします。

우에노 코ー엠마데 오네가이시마스

0454. 도쿄 타워까지 얼마입
□□ 니까?

東京タワーまでいくらですか。

도ー꾜ー타와ー마데 이꾸라데스까

0455. 도쿄 타워까지 시간이
얼마나 걸립니까?

東京タワーまでどれくらい時間がかか
りますか。

도ー꾜ー타와ー마데 도레쿠라이 지깡가 가까리마스까

0456. 공항에 8시까지 갈 수
있습니까?

空港に8時までに行けますか。

쿠ー꼬ー니 하찌지마데니 이께마스까

0457. 미터기를 눌러 주세요.

メーターを押してください。

메ー타ー오 오시떼 구다사이

0458. 야간 할증요금은 있습
니까?

夜間の割増料金がありますか。

야깐노 와리마시 료ー낑가 아리마스까

0459. 다음 교차로에서 오른
쪽으로 도세요.

次の交差点で右にまがってください。

쓰기노 코ー사뗀데 미기니 마갓떼 구다사이

0460. 저기서 내려 주십시오.

そこで降ろしてください。

소꼬데 오로시떼 구다사이

0461. 저 빨간 건물 앞에서 세
워 주십시오.

あの赤いビルの前で止めてください。

아노 아까이 비루노 마에데 도메떼 구다사이

🗨 시내버스를 탈 때

0462. 히비야 공원에 가려면
어느 버스를 타면 될까
요?

日比谷公園に行くにはどのバスに乗れ
ばいいでしょうか。

히비야 코ー엔니 이꾸니와 도노 바스니 노레바 이ー데쇼ー까

91

0463. 어디서 버스를 탈 수 있 습니까?

どこでバスに乗れますか。

도꼬데 바스니 노레마스까

0464. 저 영화관 앞에서 탈 수 있습니다.

あの映画館の前で乗れます。

아노 에-가깐노 마에데 노레마스

0465. 히비야 공원에 갑니까?

日比谷公園に行きますか。

히비야 코-엔니 이끼마스까

0466. 이 버스는 고라쿠엔에 갑니까?

このバスは後楽園に行きますか。

고노 바스와 코-라꾸엔니 이끼마스까

0467. 환승권을 주시겠습니 까?

乗り換え券をいただけますか。

노리카에껭오 이따다께마스까

0468. 버스 노선지도를 주시 겠습니까?

バスの路線地図をいただけますか。

바스노 로센치즈오 이따다께마스까

0469. 히비야 공원에 가려면 어디서 버스를 갈아타 야 합니까?

日比谷公園に行くにはどこでバスを乗り 換えますか。

히비야코-엔니 이꾸니와 도꼬데 바스오 노리까에마스까

0470. 히비야 공원에 도착하 면 알려 주시겠습니까?

日比谷公園に着いたら教えていただけ ますか。

히비야 코-엔니 쓰이따라 오시에떼 이따다께마스까

92

0471. 신주쿠 역까지는 시간
이 얼마나 걸립니까?

新宿駅まではどれくらい時間がかかり
ますか。

신쥬쿠에끼마데 도레 쿠라이 지깡가 가까리마스까

0472. 다음 버스 정류장에서
내리겠습니다.

次のバス停で降ります。

쓰기노 바스테ー데 오리마스

🗨 지하철을 탈 때

0473. 가장 가까운 지하철역
은 어디입니까?

いちばん近い地下鉄駅はどこですか。

이찌반 치까이 치카테쯔에끼와 도꼬데스까

0474. 저 모퉁이에서 왼쪽으
로 돌면 입구가 있습니
다.

その角を左にまがったところに入口があ
ります。

소노 카도오 히다리니 마갓따 도꼬로니 이리구찌가 아리마스

0475. 무료 노선지도는 있습
니까?

無料の路線地図はありますか。

무료ー노 로센치즈와 아리마스까

0476. 표 파는 곳에 무료 노선
지도가 있습니다.

切符売り場のブースに無料の路線地図
があります。

깁뿌우리바노 부ー스니 무료ー노 로센치즈가 아리마스

0477. 어디에서 표를 살 수 있
습니까?

どこで切符が買えますか。

도꼬데 깁뿌가 가에마스까

0478. 표는 저기의 자동판매 기에서 살 수 있습니다.

きっぷはあそこの自動販売機で買えます。

깁뿌와 아소꼬노 지도-함바이끼데 가에마스

0479. 투입구에 160엔을 넣으 면 됩니다.

投入口に160円入れればいいです。

토-뉴-구찌니 햐꾸로꾸쥬-엔 이레레바 이-데스

0480. 우에노 공원에 가려면 어느 열차를 타면 됩니 까?

上野公園に行くにはどの列車に乗れば いいですか。

우에노 코-엔니 이꾸니와 도노 렛샤니 노레바 이-데스까

0481. 야마노테 선을 타세요.

山手線に乗ってください。

야마노테센니 놋떼 구다사이

0482. 국회의사당에 가려면 어느 역에서 내리는 게 좋습니까?

国会議事堂に行くにはどこの駅で降り るのがいいですか。

곡까이기지도-니 이꾸니와 도꼬노 에끼데 오리루노가 이-데스까

0483. 국립경기장은 어느 출 구로 나가면 됩니까?

国立競技場へはどの出口を出ればいい ですか。

고꾸리쯔쿄-기죠-에와 도노 데구찌오 데레바 이-데스까

🗣 셔틀버스를 탈 때

0484. 택시 타는 것 말고 쇼핑 하러 가는 방법은 없습 니까?

タクシー以外で買物に行く方法はありま すか。

타꾸시- 이가이데 가이모노니 이꾸 호-호-와 아리마스까

0485. 쇼핑센터까지 셔틀 버스가 있다고 하던데요.

ショッピングセンターまでのシャトルバスがあるそうですが。

숍핑구 센타－마데 샤토루바스가 아루소－데스가

0486. 시각표를 드리겠습니다.

時刻表を差しあげます。

지코꾜효－오 사시아게마스

0487. 어디서 셔틀버스를 탈 수 있습니까?

どこでシャトルバスに乗れますか。

도꼬데 샤토루바스니 노레마스까

0488. 호텔 바로 앞입니다.

ホテルのちょうど前です。

호테루노 쵸－도 마에데스

0489. 쇼핑센터까지 시간은 얼마나 걸립니까?

ショッピングセンターまで時間はどれくらいかかりますか。

숍핑구 센타－마데 지깡와 도레쿠라이 가까리마스까

0490. 호텔로 돌아오는 시각은 어떻게 됩니까?

ホテルに戻る時刻はどのようになっていますか。

호테루니 모도루 지코꾸와 도노요－니 낫떼 이마스까

0491. 쇼핑센터에는 어떤 가게가 있습니까?

ショッピングセンターにはどんな店がありますか。

숍핑구 센타－니와 돈나 미세가 아리마스까

0492. 세이부 백화점과 작은 가게가 많이 있습니다.

西部デパートと小さい店がたくさんあります。

세－부 데파－토또 치－사이 미세가 닥상 아리마스

0493. 마지막 셔틀버스는 몇
시에 있습니까?

最終のシャトルバスは何時ですか。

사이슈-노 샤토루바스와 난지데스까

🗨 택시요금 트러블

0494. 여기서 내려 주세요.

ここで降ろしてください。

고꼬데 오로시떼 구다사이

0495. 요금은 얼마입니까?

料金はいくらですか。

료-낑와 이꾸라데스까

0496. 천 2백 엔입니다.

千2百円です。

센니햐꾸엔데스

0497. 당신이 말하는 요금은
미터요금보다 비싼 것
같은데요.

あなたの言う料金はメーターより高いよ
うですが。

아나따노 이우 료-낑와 메-타-요리 다까이요-데스가

0498. 미터요금은 천백 엔입
니다.

メーターでは千百円です。

메-타-데와 셍햐꾸엔데스

0499. 휴일요금은 미터의 30
퍼센트 할증입니다.

休日の料金はメーターの30パーセント
増しです。

큐-지쯔노 료-낑와 메-타-노 산쥼파-센토 마시데스

0500. 백 엔은 짐의 추가요금
입니다.

百円は荷物の追加料金です。

햐꾸엥와 니모쯔노 쓰이까 료-낀데스

96

0501. 그런 것은 들어 본 적이
☐☐ 없습니다.

そのようなことは聞いたことがありません。

소노요-나 고또와 기이따 고또가 아리마셍

0502. 저 경찰관에게 가서 물
☐☐ 어 보지요.

あの警察官のところに行って、たずねて
みましょう。

아노 케-사츠깐노 도꼬로니 잇떼, 다즈네떼 미마쇼-

STEP 3　실전대화를 해보세요.

A : 가장 가까운 지하철역은 어디입니까?

　　이찌반 치까이 치카테쯔노 에끼와 도꼬데쇼-까

B : 地下鉄の入口はあのビルのよこにあります。

　　치카테쯔노 이리구찌와 아노 비루노 요꼬니 아리마스

A : 路線地図は駅にありますか。

　　로센치즈와 에끼니 아리마스까

B : はい、あります。ブースで言えばもらえます。

　　하이, 아리마스. 부-스데 이에바 모라에마스

A : ありがとうございます。

　　아리가또- 고자이마스

A : いちばん近い地下鉄の駅はどこでしょうか。

B : 지하철 입구는 저 빌딩 옆에 있습니다.

A : 노선지도는 역에 있습니까?

B : 예, 있습니다. 창구에 부탁하면 얻을 수 있습니다.

A : 감사합니다.

STEP 4　직접 쓰고 읽어보세요.

택시를 불러 주시겠습니까?

➡

장거리 대중교통

만약 장기간에 걸쳐 여러 곳을 여행할 경우에는 열차나 고속버스, 국내선 비행기 또는 렌트카를 이용해야 합니다. 일본의 철도는 고속전철인 신칸센과 JR과 사철 등이 지방 구석구석 거미줄처럼 연결되어 있으므로 일본을 처음 여행하는 사람도 열차로 아무런 불편없이 여행을 즐길 수 있습니다. 일본의 열차는 특실과 금연석, 자유석, 지정석으로 구분되어 있으며, 지정석은 자신이 앉을 좌석이 정해져 있으며 자유석은 먼저 앉는 사람이 우선입니다. 물론 고속버스나 일본 국내선 비행기 노선도 잘 발달되어 있지만, 열차만큼 여행자가 이용하기에는 편하지는 않습니다.

STEP 2 여러 번 듣고 소리내어 반복해서 읽어보세요.

🗨 요금에 대해 물을 때

0503. 도쿄에서 교토까지의 열차 정보를 가르쳐 주셨으면 합니다.

東京から京都までの列車のことを教えていただきたいんですが。

도−꾜−까라 쿄−또마데노 렛샤노 고또오 오시에떼 이따다키따인데스가

0504. 아오모리에서 도쿄까지의 열차 시각표는 어떻게 되어 있습니까?

青森から東京の列車のスケジュールはどのようになっていますか。

아오모리까라 도−쿄−노 렛샤노 스케쥬−루와 도노요−니 낫떼 이마스까

0505. 만약 가능하다면, 다음 일요일 오후에 떠나겠습니다.

もし可能なら、次の日曜日の午後に発ちます。

모시 가노−나라, 쓰기노 니찌요−비노 고고니 다찌마스

0506. 저는 아직 예정을 세우지 못했습니다.

わたしはまだ予定をたてていません。

와따시와 마다 요떼−오 다테떼 이마셍

0507. 도쿄에서 교토까지의 직행 비행기는 있습니까?

東京から京都までの直行の飛行機はありますか。

도−쿄−까라 쿄−또마데노 쵹꼬−노 히코−끼와 아리마스까

0508. 도쿄에서 아오모리까지의 비행기의 출발 시간은 어떻게 되어 있습니까?

東京から青森までの飛行機の出発時間はどのようになっていますか。

도−쿄−까라 아오모리마데노 히코−끼노 슙파쯔 지깐와 도노요−니 낫떼 이마스까

0509. 오전 중에 떠나십니까,
□□ 오후에 떠나십니까?

午前中に発たれますか、午後に発たれますか。

고젠쮸ー니 다따레마스까, 고고니 다따레마스까

0510. 도쿄에서 교토까지 버
□□ 스에 대해 묻고 싶습니
다만.

東京から京都までのバスについてたずねたいんですが。

도ー쿄ー까라 쿄ー또마데노 바스니 쓰이떼 다즈네따이인데스가

0511. 시각표와 요금을 가르
□□ 쳐 주시겠습니까?

スケジュールと料金を教えていただけますか。

스케쥬ー루또 료ー낑오 오시에떼 이따다께마스까

🗨 비행기편을 예약할 때

0512. 10월 1일 아침 도쿄에
□□ 서 사이판까지의 비행
편을 예약하고 싶은데
요.

10月一日の朝の東京からサイパンの飛行機の予約をしたいんですが。

쥬ー가쯔 쓰이타찌노 아사노 도ー쿄ー까라 사이판노 히코ー끼노 요야꾸오 시따인데스가

0513. 1등석으로 가고 싶은데
□□ 요.

ファーストクラスで行きたいんですが。

화ー스토 쿠라스데 이끼따인데스가

0514. 1등석, 비즈니스 클래
□□ 스, 일반석 중에서 어느
것으로 하시겠습니까?

ファーストクラス、ビジネスクラス、エコノミークラスのどれをお考えですか。

화ー스토 쿠라스, 비지네스 쿠라스, 에코노미ー 쿠라스노 도레오 오캉가에데스까

0515. 비즈니스 클래스입니
□□ 다.

ビジネスクラスです。

비즈네스 쿠라스데스

0516. 2시 10분 비행기를 부
□□ 탁합니다.

2時10分の飛行機をお願いします。

니지 집뿐노 히코-끼오 오네가이시마스

0517. 어디에서 표를 사면 됩
□□ 니까?

どこで切符を買ったらいいですか。

도꼬데 깁뿌오 갓따라 이-데스까

0518. 언제 표를 받으면 됩니
□□ 까?

いつ切符を受け取ればいいですか。

이쯔 깁뿌오 우께토레바 이-데스까

0519. 탑승수속은 몇 시부터
□□ 입니까?

搭乗手続きは何時からですか。

토-죠-테쓰즈끼와 난지까라데스까

0520. 24시간 이내에 표를 받
□□ 아 주십시오.

24時間以内に切符を受け取ってください。

니쥬-요지깡 이나이니 깁뿌오 우께톳떼 구다사이

🗣 예약을 재확인할 때

0521. 내 비행편 예약을 재확
□□ 인하고 싶은데요.

わたしの飛行機の再確認をしたいんですが。

와따시노 히코-끼노 사이카꾸닝오 시따인데스가

0522. 성함을 말씀해 주십시
□□ 오.

お名前をどうぞ。

오나마에오 도-조

0523. 이선희입니다.
□□

李仙喜です。

이선희데스

0524. 어느 편에 탑승하십니까?

どの便にご搭乗ですか。

びん　　　　　　とうじょう

도노 빈니 고토－죠－데스까

0525. 15일의 21편입니다.

15日の21便です。

にち　　　びん

쥬－고니찌노 니쥬－이찌빈데스

0526. 15일 오전 9시 32분 도쿄발 21편에 예약되어 있습니다.

15日の午前9時32分東京発の21便に予約が入っています。

にち　　ごぜん　じ　　ふんとうきょうはつ　　びん
よやく　　はい

쥬－고니찌노 고젱 쿠지 산쥬－니훈 도－꾜－하쯔노 니쥬－이찌빈니 요야꾸가 하잇떼 이마스

0527. 지금 계신 곳의 전화번호를 말씀해 주십시오.

今、おられるところの電話番号をお願いします。

いま　　　　　　　　　　　　　でんわばんごう　　　ねが

이마, 오라레루 도꼬로노 뎅와 방고－오 오네가이시마스

0528. 예, 긴자다이이치 호텔 501호실에 묵고 있습니다. 전화번호는 555-2100입니다.

はい、銀座第一ホテルの501号室にいます。電話番号は555-2100です。

ぎんざだいいち　　　　　ごうしつ
でんわばんごう

하이, 긴자 다이이찌 호테루노 고마루이찌 고－시쯔니 이마스. 뎅와 방고－와 고고고노 니이찌제로제로데스

0529. 공항에는 비행기 출발 얼마 전에 가면 될까요?

空港へは飛行機の出発のどれくらい前に行けばいいでしょうか。

くうこう　　ひこうき　　しゅっぱつ　　　　　まえ
い

쿠－꼬－에와 히코－끼노 슙빠쯔노 도레쿠라이 마에니 이께바 이－데쇼－까

0530. 비행기 출발 1시간 전에 체크인 카운터로 오십시오.

飛行機の出発の1時間前にはチェックイン・カウンターにおいでください。

ひこうき　　しゅっぱつ　　じかんまえ

히코－끼노 슙빠쯔노 이찌지깜 마에니와 첵쿠잉 카운타－니 오이데 구다사이

🗨 열차를 예약할 때

0531. 7월 15일 도쿄에서 아
□□□ 오모리까지의 예약을
하고 싶은데요.

7月15日の東京から青森の予約をしたい
んですが。

시찌가쯔 쥬―고니찌노 도―꾜―까라 아오모리노 요야꾸오 시따
인데스가

0532. 오후 11시 34분에 떠나
□□□ 서 아오모리에는 다음 날
아침 9시 50분에 도착하
는 열차가 있습니다.

午後11時34分に発って、青森には翌朝
9時50分に着く列車があります。

고고 쥬―이찌지 산쥬―욘뿐니 닷떼, 아오모리니와 요꾸아사 쿠
지 고집뿐니 쓰꾸 렛샤가 아리마스

0533. 또한 오후 7시 10분에
□□□ 떠나서 아오모리에는
다음 날 오전 6시 13분
에 도착하는 열차도 있
습니다.

また、午後7時10分に発って、青森に翌
日午前6時13分に着く列車もあります。

마따 고고 시찌지 쥽뿐니 닷떼, 아오모리니 요꾸지쯔 고젠 로꾸
지 쥬―삼뿐니 쓰꾸 렛샤모 아리마스

0534. 이것들은 지정석입니
□□□ 다.

これらは指定席です。

고레라와 시떼―세끼데스

0535. 침대차도 있습니까?
□□

寝台車もありますか。

신다이샤모 아리마스까

0536. 방의 추가요금은 얼마
□□ 입니까?

部屋の追加料金はいくらですか。

헤야노 쓰이까 료―낑와 이꾸라데스까

0537. 보통운임에 천 엔이 추
□□ 가됩니다.

普通運賃の千円追加になります。

후쓰― 운찐노 셍엔 쓰이까니 나리마스

🗨 장거리버스를 탈 때

0538. 히로시마 행 오후 버스 표를 2장 주십시오.

広島行きの午後のバスの切符を2枚お願いします。

히로시마유끼노 고고노 바스노 깁뿌오 니마이 오네가이시마스

0539. 버스는 몇 시에 떠납니까?

何時にバスは出ますか。

난지니 바스와 데마스까

0540. 약 20분 후에 떠납니다.

およそ20分後に出ます。

오요소 니집뿅고니 데마스

0541. 안내방송이 있습니다.

案内があります。

안나이가 아리마스

0542. 버스는 어디서 떠납니까?

どこからバスは出ますか。

도꼬까라 바스와 데마스까

0543. 버스는 2번 플랫폼에서 떠납니다.

バスは2番プラットフォームから出ます。

바스와 니밤 푸랏토 훠-무까라 데마스

0544. 이것이 히로시마 행 버스입니까?

これは広島行きのバスですか。

고레와 히로시마유끼노 바스데스까

0545. 이 여행가방을 맡기고 싶은데요.

このスーツケースを預けたいんですが。

고노 스-쓰케-스오 아즈케따인데스가

0546. 이 여행가방을 버스 아래에 넣어 주시겠습니까?

このスーツケースをバスの下に入れていただけますか。

고노 스−쓰케−스오 바스노 시따니 이레떼 이따다께마스까

🗣 단체여행에 참가할 때

0547. 하코다테의 숙박 투어는 있습니까?

函館の泊まりがけのツアーはありますか。

하코다떼노 도마리가께노 쓰아−와 아리마스까

0548. 나라 투어는 있습니까?

奈良のツアーはありますか。

나라노 쓰아−와 아리마스까

0549. 하꼬다테의 크루즈에 흥미가 있는데, 그것에 대한 자세한 것을 알 수 있습니까?

函館へのクルーズに興味があるんですが、それについてくわしいことがわかりますか。

하코다떼에노 쿠루−즈니 쿄−미가 아룬데스가, 소레니 쓰이떼 구와시− 고또가 와까리마스까

0550. 투어는 오전 7시에 떠나서 하꼬다테에는 오후 3시에 도착하고 다음날 돌아옵니다.

ツアーは午前7時に出て、函館へは午後3時に着いて、翌日戻ります。

쓰아−와 고젠 시찌지니 데떼, 하코다떼에와 고고 산지니 쓰이떼, 요꾸지쓰 모도리마스

0551. 몇 끼 식사가 포함되어 있습니까?

何食つきですか。

난쇼꾸 쓰끼데스까

0552. 이 크루즈의 요금은 얼마입니까?

このクルーズの料金はいくらですか。

고노 쿠루−즈노 료−낑와 이꾸라데스까

105

0553. 투어 요금은 보증됩니 ツアーの料金は保証されていますか。
□□ 까?
쓰아ー노 료ー낑와 호쇼ー사레떼 이마스까

0554. 취소할 경우에는 전액 キャンセルの場合は全額戻りますか。
□□ 환불해 줍니까?
캰세루노 바아이와 젱가꾸 모도리마스까

둘이서
쌀라쌀라!

STEP 3 실전대화를 해보세요.

A : 今晩の奈良行きのバスの切符をお願いします。
곰반노 나라유끼노 바스노 깁뿌오 오네가이시마스

B : 3千5百円です。
산젱 고햐꾸엔데스

A : 버스는 몇 시에 떠납니까?
바스와 난지니 데마스까

B : 10時30分ころに出ます。案内があります。
쥬ー지 산집뿐 코로니 데마스. 안나이가 아리마스

A : どこから出ますか
도꼬까라 데마스까

A : 오늘 밤 나라 행 버스표를 주십시오.
B : 3천 5백 엔입니다.
A : バスは何時に出ますか。
B : 10시 30분경에 떠납니다. 안내방송이 있습니다.
A : 어디에서 떠납니까?

손으로
또박또박!

STEP 4 직접 쓰고 읽어보세요.

이 여행가방을 버스 아래에 넣어 주시겠습니까?

Unit 04

학습일

렌터카

STEP 1 이것만은 꼭 알아두세요.

일본은 우리와는 반대로 운전석이 오른쪽에 있습니다. 따라서 차량의 통행 방향도 반대이므로 처음 운전할 때는 낯설지만, 조금 하다보면 익숙하게 됩니다. 여행을 하면서 좀더 편하게 여행을 하고자 할 때는 차를 렌트해서 여행을 즐기는 것도 좋은 방법입니다. 차를 렌트할 때는 여권과 국제면허증이 필요하므로 여행을 떠나기 전에 미리 국제면허증을 발급받아야 하며, 만일을 대비하여 보험도 잊지 말고 꼭 들어둡시다. 여기서는 차를 렌트할 때, 주유소에서 기름을 넣을 때, 운전을 하면서 부딪치는 운전에 관한 표현을 익히도록 했습니다.

🗨 렌터카에 대해 물을 때

0555. 차를 빌리고 싶은데요.

車を借りたいんですが。

구루마오 가리따인데스가

0556. 어떤 사이즈의 차가 필요합니까?

どのサイズの車が必要ですか。

도노 사이즈노 구루마가 히쯔요―데스까

0557. 소형차를 부탁합니다.

小型の車をお願いします。

코가따노 구루마오 오네가이시마스

0558. 중형차를 부탁합니다.

中型の車をお願いします。

츄―가따노 구루마오 오네가이시마스

0559. 오토매틱 차를 부탁합니다.

オートマチックの車をお願いします。

오―토마칙쿠노 구루마오 오네가이시마스

0560. 가능하면 스틱 차로 부탁합니다.

できれば、マニュアルの車をお願いします。

데끼레바, 마뉴아루노 구루마오 오네가이시마스

0561. 에어컨 딸린 차가 필요합니다.

エアコンつきの車が必要です。

에아콘 쓰끼노 구루마가 히쯔요―데스

0562. 에스코트나 토요타라면 있을 겁니다.

エスコートかトヨタならあると思います。

에스코―토까 토요타나라 아루또 오모이마스

0563. 토요타를 부탁합니다.

トヨタをお願_{ねが}いします。

토요타오 오네가이시마스

0564. 임펄스는 어떻습니까?

インパルスはいかがですか。

임파루스와 이까가데스까

0565. 그거면 되겠습니다.

それでけっこうです。

소레데 겍꼬-데스

0566. 중형차는 1일 2천 엔 정도 비쌉니다.

中_{ちゅうがた}型のくるまは一日_{いちにち}2千円_{せんえん}ほど高_{たか}くなります。

쮸-가따노 구루마와 이찌니찌 니셍엥호도 다카꾸나리마스

🗣 신분을 증명할 때

0567. 신용카드와 운전면허증이 필요합니다.

クレジットカードと運転免許証_{うんてんめんきょしょう}が必要_{ひつよう}です。

쿠레짓토카-도또 운뗌멘꾜쇼-가 히쯔요-데스

0568. 이것이 현재의 주소입니까?

これは現在_{げんざい}の住所_{じゅうしょ}ですか。

고레와 겐자이노 쥬-쇼데스까

0569. 여기서는 어디에 묵고 있습니까?

ここではどこにお泊_とまりですか。

고꼬데와 도꼬니 오토마리데스까

0570. 긴자고쿠사이 호텔입니다.

銀座国際_{ぎんざこくさい}ホテルです。

긴자 코꾸사이 호테루데스

0571. 도쿄도의 긴자 3-19-2 입니다.

東京都の銀座3-19-2です。

도―쿄―또노 긴자 산노 쥬―큐―노 니데스

0572. 얼마 동안 이 차가 필요합니까?

どのくらいの期間にこの車が必要ですか。

도노쿠라이노 키깐니 고노 구루가 히쯔요―데스까

0573. 1주일입니다.

1週間です。

잇슈―깐데스

0574. 수요일까지입니다.

水曜日までです。

스이요―비마데데스

0575. 알겠습니다. 주행거리에 관계없이 하루 7천 2백 엔입니다.

わかりました。走行距離に関係なく一日7千2百円です。

와까리마시다. 소―꼬―쿄리니 칸께―나꾸 이찌니찌 나나센 니햐꾸엔데스

0576. 하루 7천 2백 엔이고, 4 킬로미터 당 5백 엔 추가됩니다.

一日7千2百円で、4キロあたり5百円追加です。

이찌니찌 나나센 니햐꾸엔데, 용키로 아따리 고햐꾸엔 쓰이까데스

🗨 보험을 들 때

0577. 손해보험을 드시겠습니까? 차가 파손된 경우에 보험금이 지불됩니다.

損害保険をかけられますか。車が破損した場合に保険金が支払われます。

송가이호껭오 가께라레마스까. 구루마가 하손시따 바아이니 호켕낑가 시하라와레마스

0578. 그거 좋은 생각이군요.

それはいい考えですね。

소레와 이- 캉가에데스네

0579. 무엇을 보장합니까?

何を保障しますか。

나니오 호쇼-시마스까

0580. 얼마까지 보장합니까?

いくらまで保障しますか。

이꾸라마데 호쇼-시마스까

0581. 얼마입니까?

いくらですか。

이꾸라데스까

0582. 만일 제3자로부터 고소된 경우를 위해 대인보험도 있습니다.

もし、第三者から訴えられた場合のために、対人保険もあります。

모시, 다이산샤까라 웃따에라레따 바아이노 다메니, 타이징호껨모 아리마스

0583. 이것은 이미 권해 드린 30만 엔의 보험에는 포함되어 있지 않습니다.

これはすでにお勧めしました30万円の保険には含まれておりません。

고레와 스데니 오스스메마시따 산쥬-망엔노 호껜니와 후꾸마레떼 오리마셍

0584. 추가한 대인보험은 100만 엔까지 보장하고 하루 5백 95엔입니다.

追加いただく対人保険は100万円まで保障し、一日あたり5百95円です。

쓰이까 이따다꾸 타이징호껨와 햐꾸망엠마데 호쇼-시, 이찌니찌 아따리 고햐꾸 큐-쥬-고엔데스

0585. 아니오, 필요 없을 것 같습니다.

いいえ、必要ないと思います。

이-에, 히쯔요-나이또 오모이마스

0586. 3번째 보험은 대인사고에서 당신과 동승자의 치료비를 보장합니다.

3番目の保険は人身事故で、あなたと同乗者の治療費をカバーします。

삼밤메노 호껭와 진신지꼬데, 아나따또 도－죠－샤노 치료－히오 카바－시마스

0587. 그것은 짐에도 적용됩니다.

それは荷物にも適用されます。

소레와 니모쯔니모 테끼요－사레마스

0588. 그것은 짐이 차에서 도난당한 경우 어느 정도 금액까지 보장됩니다.

それは荷物が車から盗まれた場合、ある金額まで保障されます。

소레와 니모쯔가 구루마까라 누스마레따 바아이, 아루 킹가꾸마데 호쇼－사레마스

💬 **렌터카의 반환절차를 물을 때**

0589. 몇 시까지 차를 반환해야 합니까?

何時までに車を返さなければなりませんか。

난지마데니 구루마오 가에사나께레바 나리마셍

0590. 요금은 24시간 기준으로 계산하고 있습니다.

料金は24時間制で計算しています。

료－낑와 니쥬－요지깐세－데 케－산시떼 이마스

0591. 그러면 12시 5분이군요.

それでは12時5分ですね。

소레데와 쥬－니지 고훈데스네

0592. 반환되는 날 이 시간이 기한입니다.

返される日のこの時間が締め切りになります。

가에사레루 히노 고노 지깡가 시메키리니 나리마스

0593. 만일 늦으면 시간 단위
의 추가요금을 받습니
다.

もし遅れれば、時間単位の追加料金を
いただきます。

모시 오꾸레레바, 지깐 탕이노 쓰이까 료-낑오 이따다끼마스

0594. 정오까지 반환하도록
하겠습니다.

正午までに返すようにします。

쇼-고마데니 가에스요-니 시마스

0595. 교토에서 차를 반환해
도 됩니까?

京都で車を返してもいいですか。

쿄-또데 구루마오 가에시떼모 이-데스까

0596. 차를 시내의 영업소로
반환하면 추가요금을
지불해야 합니까?

車を市内で返せば、追加料金を支払わ
なければなりませんか。

구루마오 시나이데 가에세바, 쓰이까료-낑오 시하라와나께레바
나리마셍까

🗣 렌터카를 반환할 때

0597. 지난 주 빌린 차를 반환
하겠습니다.

先週借りた車を返します。

센슈- 가리따 구루미오 가에시마스

0598. 도쿄에서 빌린 차를 반
환하고 싶은데요.

東京で借りた車を返したいんですが。

도-꾜-데 가리따 구루마오 가에시따인데스가

0599. 계약서를 보여 주시겠
습니까?

契約書を拝見できますか。

케-야꾸쇼오 하이껜 데끼마스까

0600. 잠시 기다려 주십시오.
주행거리를 체크시키겠
습니다.

しばらくお待ちください。誰かに走行距
離をチェックさせます。

시바라꾸 오마찌 구다사이. 다레까니 소-꼬-꾜리오 첵쿠사세마스

0601. 도쿄가 아니고 여기서
□ □ 반환하시니까 2천 3백
엔 추가됩니다.

東京ではなく、ここで返されるので、2
千3百円かかります。

도-꾜-데와 나꾸, 고꼬데 가에사레루노데, 니센 삼뱌꾸엔 가까
리마스

A : 차를 빌리고 싶은데요.
구루마오 가리따인데스가

B : わかりました。どのサイズの車が必要ですか。
와까리마시다. 도노 사이즈노 구루마가 히쯔요-데스까

A : 大型です。
오-가따데스

B : トヨタならあると思いますが。
토요타나라 아루또 오모이마스가

A : それでけっこうです。
소레데 겍꼬-데스

A : 車を借りたいんですが。

B : 알겠습니다. 어떤 크기의 차가 필요합니까?

A : 대형입니다.

B : 토요타라면 있을 겁니다만.

A : 그것이면 되겠습니다.

교토에서 차를 반환해도 됩니까?

➡

ていただいて、こちらこそ楽しかったです。
ちらへはどうやって行くのですか。またあと
来てもらえますか。ここの自慢料理は何で
か。地元の人がよく行くレストランはありま

Part

5

どこですか。何に興味をお持ちですか。ツ
ーは何時間かかりますか。料金はいくらで
か。入場は有料ですか。たくさん取ってくだ
いね。無料のパンフレットはありますか。こ

관광과
쇼핑

えてください。これはどういう料理ですか。
ぐできますか。静かな奥の席にお願いしま

관광

STEP 1   이것만은 꼭 알아두세요.

여행을 떠나기 전에 미리 관광지에 대한 여러 정보를 얻기 때문에 현지에 가면 관광안내소를 찾을 일이 그다지 많지는 않습니다, 더욱이 스마트폰으로 직접 검색하여 찾아가기 때문에 안내를 받을 일이 많이 줄어들었지만 그래도 관광안내소에서 도움을 얻을 일이 생깁니다. 대부분의 관광안내소는 시내의 중심부에 있으며 볼거리 소개부터 버스 예약까지 여러 가지 서비스를 하고 있습니다. お寺(오테라/절)이나 神社(진쟈)는 관광지이기 전에 종교적인 신성한 건물이므로 들어갈 때 정숙하지 못한 복장이나 소란은 삼가도록 합시다.

STEP 2 여러 번 듣고 소리내어 반복해서 읽어보세요.

🗣 관광정보를 얻을 때

0602. 관광 안내는 어디에 있습니까?
観光案内所はどこですか。
캉꼬-안나이쇼와 도꼬데스까

0603. 이 도시의 볼만 것은 무엇이죠?
この街の見所は何でしょう。
고노 마찌노 미도꼬로와 난데쇼-

0604. 관광 가이드북은 있습니까?
観光ガイドブックはありますか。
캉꼬-가이도북쿠와 아리마스까

0605. 이 도시의 지도를 얻고 싶은데요.
この街の地図がほしいのですが。
고노 마찌노 치즈가 호시-노데스가

0606. 관광 팸플릿을 주시겠습니까?
観光のパンフレットをいただけますか。
캉꼬-노 팡후렛토오 이따다께마스까

0607. 사적지는 있습니까?
史跡はありますか。
시세끼와 아리마스까

0608. 나는 자연풍경에 관심이 있습니다.
わたしは自然の景色に興味があります。
와따시와 시젠노 케시끼니 쿄-미가 아리마스

0609. 도쿄를 관광하고 싶은데요.
東京の観光がしたいのですが。
도-쿄-노 캉꼬-가 시따이노데스가

0610. 한국어를 할 줄 아는 가
이드가 딸린 투어는 있
습니까?

韓国語が話せるガイドつきのツアーは
ありますか。

캉코꾸고가 하나세루 가이도 쓰끼노 쓰아ー와 아리마스까

0611. 첫 방문인데요.

はじめての訪問なんですが。

하지메떼노 호ー몬난데스가

0612. 이 성에서는 가이드의
안내가 있습니까?

この城ではガイドの案内がありますか。

고노 시로데와 가이도노 안나이가 아리마스까

0613. 매 시간 가이드의 안내
가 있습니다.

毎時間、ガイドの案内があります。

마이지깡, 가이도노 안나이가 아리마스

0614. 박물관은 몇 시에 닫습
니까?

何時に博物かんは閉まりますか。

난지니 하쿠부츠깡와 시마리마스까

0615. 극장에 대한 안내는 있
습니까?

劇場の案内はありますか。

게끼죠ー노 안나이와 아리마스까

0616. 오늘 밤 관광객을 위한
특별한 행사가 있습니
까?

今夜、観光客のための特別な催し物が
ありますか。

공야, 캉코ー캬꾸노 다메노 토꾸베쯔나 모요오시모노가 아리마스까

💬 단체관광을 할 때

0617. 시내관광은 있습니까?

市内観光はありますか。

시나이 캉꼬ー와 아리마스까

0618. 이게 투어 팸플릿입니다.

これがツアーのパンフレットです。

고레가 쓰아-노 팡후렛토데스

0619. 어떤 투어가 있습니까?

どのようなツアーがありますか。

도노요-나 쓰아가 아리마스까

0620. 하루밖에 남지 않았는데, 어떤 관광이 좋을까요?

一日しかないのですが、どのツアーがよいでしょうか。

이찌니찌시까 나이노데스가, 도노 쓰아-가 요이데쇼-까

0621. 반나절 투어와 하루 투어가 있습니다.

半日ツアーと一日ツアーがあります。

한니찌 쓰아-또 이찌니찌 쓰아-가 아리마스

0622. 다음 투어버스는 언제 출발합니까?

次のツアーバスはいつ出ますか。

쓰기노 쓰아-바스와 이쯔 데마스까

0623. 반나절 투어에 참가하고 싶은데요.

半日ツアーに参加したいのですが。

한니찌 쓰아-니 상까시따이노데스가

🗣 가이드와의 대화

0624. 이 투어에 대해 설명해 주시겠습니까?

このツアーについて説明してくださいますか。

고노 쓰아-니 쓰이떼 세쯔메-시떼 구다사이마스까

0625. 점심식사는 포함되어 있습니까?

昼食は含まれていますか。

츄-쇼꾸와 후꾸마레떼 이마스까

119

0626. 입장료는 포함되어 있습니까?

入場料は含まれていますか。
にゅうじょうりょう ふく

뉴-죠-료-와 후꾸마레떼 이마스까

0627. 이 투어에서는 무엇을 보게 됩니까?

このツアーでは何を見物するんですか。
なに けんぶつ

고노 쓰아-데와 나니오 겜부쯔스룬데스까

0628. 이 투어는 몇 시간 걸립니까?

このツアーは何時間かかりますか。
なんじかん

고노 쓰아-와 난지깡 가까리마스까

0629. 여기에서는 얼마나 쉽니까?

ここではどのくらい休みますか。
やす

고꼬데와 도노쿠라이 야스미마스까

👄 관광 중에

0630. 어디에서 시내 버스표를 살 수 있습니까?

どこで市バスの切符が買えますか。
し きっぷ か

도꼬데 시바스노 깁뿌가 가에마스까

0631. 관광안내소는 어디에 있습니까?

旅行案内所はどこですか。
りょこうあんないしょ

료꼬-안나이쇼와 도꼬데스까

0632. 유람선은 어디서 탈 수 있습니까?

遊覧船にはどこで乗れますか。
ゆうらんせん の

유-란센니와 도꼬데 노레마스까

0633. 여기서 사진을 찍어도 될까요?

ここで写真を撮ってもよろしいでしょうか。
しゃしん と

고꼬데 샤싱오 돗떼모 요로시-데쇼-까

0634. 여기서 플래시를 사용
해도 됩니까?

ここではフラッシュは使用してもいいで
すか。

고꼬데와 후랏슈와 시요-시떼모 이-데스까

0635. 이 건물은 왜 유명합니
까?

この建物はどうして有名なんですか。

고노 다떼모노와 도-시떼 유-메-난데스까

0636. 이 건물의 입구는 어디
입니까?

この建物の入口はどちらですか。

고노 다떼모노노 이리구찌와 도찌라데스까

0637. 입장료는 얼마입니까?

入場料はいくらですか。

뉴-죠-료-와 이꾸라데스까

🗣 사진촬영을 부탁할 때

0638. 저희들 사진 좀 찍어 주
시겠습니까?

わたしたちの写真を撮っていただけま
すか。

와따시타찌노 샤싱오 돗떼 이따다께마스까

0639. 기념비 앞에서 제 사진
좀 찍어 주시겠습니까?

記念碑の前でわたしの写真を撮ってい
ただけますか。

기넹히노 마에데 와따시노 샤싱오 돗떼 이따다께마스까

0640. 이 버튼을 누르기만 하
면 됩니다.

このボタンを押すだけです。

고노 보탕오 오스다께데스

0641. 초점을 맞출 필요가 있
습니까?

焦点をあわせる必要がありますか。

쇼-뗑오 아와세루 히쯔요-가 아리마스까

0642. 아뇨, 자동으로 초점이 맞춰집니다.

いいえ、自動的に焦点はあいます。

이ー에, 지도ー테끼니 쇼ー뗑와 아이마스

0643. 예, 할 수 있을 것 같습니다.

はい、なんとかできると思います。

하이, 난또까 데끼루또 오모이마스

0644. 됐습니까? 웃으세요.

いいですか。はい、チーズ。

이ー데스까, 하이, 치ー즈

🗨 화장실을 찾을 때

0645. 화장실은 어디에 있습니까?

お手洗いはどちらですか。

오테아라이와 도찌라데스까

0646. 화장실을 찾고 있는데요.

お手洗いを探しているんですが。

오테아라이오 사가시떼 이룬데스가

0647. 이 근처에 화장실이 있습니까?

このへんにトイレはございますか。

고노 헨니 토이레와 고자이마스까

0648. 남자 화장실은 어디입니까?

男子トイレはどこですか。

단시 토이레와 도꼬데스까

0649. 화장지가 없습니다.

トイレットペーパーがありません。

토이렛토페ー파ー가 아리마셍

0650. 화장실 물이 내려가지
□ □ 않습니다.

トイレの水<ruby>みず</ruby>が出<ruby>で</ruby>ません。

토이레노 미즈가 데마셍

0651. 화장실 내에 불이 켜지
□ □ 지 않습니다.

トイレの電灯<ruby>でんとう</ruby>がつきません。

토이레노 덴또ー가 쓰끼마셍

STEP 3 실전대화를 해보세요.

A : <u>이 투어에서는 무엇을 구경합니까?</u>

고노 쓰아ー데와 나니오 겜부쯔스룬데스까

B : このパンフレットに書<ruby>か</ruby>かれているところをすべて
見物<ruby>けんぶつ</ruby>します。

고노 팡후렛토니 가까레떼 이루 도꼬로오 스베떼 겜부쯔시마스

A : このツアーは何時間<ruby>なんじかん</ruby>かかりますか。

고노 쓰아ー와 난지깡 가까리마스까

B : 4時<ruby>じ</ruby>までに戻<ruby>もど</ruby>ります。

요지마데니 모도리마스

A : このツアーでは何<ruby>なに</ruby>を見物<ruby>けんぶつ</ruby>するんですか。

B : 이 팸플릿에 쓰여 있는 것을 모두 구경합니다.

A : 이 투어는 몇 시간 걸립니까?

B : 4시까지 돌아옵니다.

STEP 4 직접 쓰고 읽어보세요.

관광 가이드북은 있습니까?

➡

123

학습일

관람

이것만은 꼭 알아두세요.

외국 여행지에서 영화나 연극, 또는 스포츠 등을 관람하는 것은 많지 않지만, 현지인을 사귀게 되면 이런 영화나 연극, 스포츠 관람 등을 통해서 우정을 더욱 돈독히 할 수 있습니다.

그밖에 서로에 대한 취미나 흥미거리를 대화하므로써 보고, 먹고, 쇼핑하는 여행에서 벗어나 진정한 여행을 즐길 수 있습니다.

미술관이나 박물관은 휴관일을 확인하고 나서 예정을 잡고, 요일에 따라서 개관을 연장하거나 할인요금이나 입장료가 달라지는 곳도 있으므로 가이드북을 보고 참고하도록 합시다.

💬 연극에 대한 정보를 얻을 때

0652. 어디에서 연극 정보를 얻을 수 있습니까?

どこで芝居の情報が入手できますか。

도꼬데 시바이노 죠-호-가 뉴-슈데끼마스까

0653. 이 무료 잡지는 이 도시의 모든 연극 안내를 게재하고 있습니다.

この無料の雑誌はこの街のすべての芝居の情報を掲載しています。

고노 무료-노 잣시와 고노 마찌노 스베떼노 시바이노 죠-호-오 케-자이시떼 이마스

0654. 어디에 가면 연극표를 살 수 있습니까?

どこに行けば芝居の切符が手に入りますか。

도꼬니 이께바 시바이노 깁뿌가 데니 하이리마스까

0655. 전화로 연극 예약은 할 수 있습니까?

電話で芝居の予約はできますか。

뎅와데 시바이노 요야꾸와 데끼마스까

0656. 오늘 밤 연극의 할인표를 살 수 있는 곳은 있습니까?

今夜の芝居の割引切符を買えるところはありますか。

공야노 시바이노 와리비끼 깁뿌오 가에루 도꼬로와 아리마스까

0657. 가부키자에서는 무엇을 공연하고 있습니까?

歌舞伎座では何をやっていますか。

가부끼자데와 나니오 얏떼 이마스까

0658. 지금 도쿄에서 가장 인기 있는 연극은 무엇입니까?

今東京でもっとも人気のある芝居は何ですか。

이마 도-꾜-데 못또모 닝끼노 아루 시바이와 난데스까

0659. 어떤 연극입니까?

どのような芝居ですか。

도노요−나 시바이데스까

0660. 지금 어떤 뮤지컬이 공연되고 있습니까?

今どんなミュージカルを上演していますか。

이마 돈나 뮤−지카루오 죠−엔시떼 이마스까

0661. 얼마 동안 공연하고 있습니까?

もうどれくらいの期間 上演していますか。

모− 도레쿠라이노 키깐 죠−엔시떼 이마스까

0662. 누가 출연하고 있습니까?

誰が出演していますか。

다레가 슈쯔엔시떼 이마스까

🎭 극장표 구입

0663. 어떤 연극이 좋겠어요?

どんな芝居がいいですか。

돈나 시바이가 이−데스까

0664. 가부키는 어떻습니까?

歌舞伎はいかがですか。

가부끼와 이까가데스까

0665. 오늘 밤 좌석은 아직 있습니까?

今晩の席はまだありますか。

곰반노 세끼와 마다 아리마스까

0666. 발코니 좌석은 얼마입니까?

バルコニーの席はいくらですか。

바루코니−노 세끼와 이꾸라데스까

126

0667. 연속되는 세 자리 있습
니까?

3席つづきで取れますか。

산세끼 쓰즈끼데 도레마스까

0668. 낮 공연과 밤 공연 중
어느 것이 좋겠습니까?

昼の公演と夜の公演とどちらがいいで
すか。

히루노 코ー엔또 요루노 코ー엔또 도찌라가 이ー데스까

0669. 가능하면 밤 공연을 주
십시오.

できれば、夜の公演をお願いします。

데끼레바, 요루노 코ー엥오 오네가이시마스

0670. 1등석에 연속되는 세
자리가 있습니다.

オーケストラに3席つづきの席があります。

오ー케스토라니 산세끼 쓰즈끼노 세끼가 아리마스

0671. 표는 어디에서 받으면
됩니까?

どこで切符を受け取ればいいですか。

도꼬데 깁뿌오 우께토레바 이ー데스까

🗨 영화

0672. 오늘 밤 영화를 보고 싶
어요.

今夜、映画が見たいわ。

공야, 에ー가가 미따이와

0673. 이 근처에 영화관이 있
습니까?

このへんに映画館がありますか。

고노 헨니 에ー가깡가 아리마스까

0674. 네, 저 쇼핑센터에 3개
있습니다.

はい、あのショッピングセンターに三つ
あります。

하이, 아노 숍핑구센타ー니 밋쯔 아리마스

0675. 당신의 텔레비전으로 유료 영화를 볼 수 있어요.

あなたのテレビで有料の映画を見られますよ。

아나따노 테레비데 유ー료ー노 에ー가오 미라레마스요

0676. 오늘 밤 무엇이 상영되고 있습니까?

今夜は何が上映されていますか。

공야와 나니가 죠ー에ー사레떼 이마스까

0677. 오늘 밤 영화는 몇 시에 시작됩니까?

今夜の映画は何時に始まりますか。

공야노 에ー가와 난지니 하지마리마스까

0678. 러브스토리가 상영되고 있습니다.

ラブストーリーが上映されています。

라부스토ー리ー가 죠ー에ー사레떼 이마스

0679. 주연 여배우는 누구입니까?

だれが主演女優ですか。

다레가 슈엔 죠유ー데스까

0680. 어디 봅시다.

どれどれ(見てみましょう)。

도레 도레 (미떼 미마쇼ー)

🗨 영화관에서

0681. 다음 상영은 몇 시에 시작됩니까?

次の上映は何時に始まりますか。

쓰기노 죠ー에ー와 난지니 하지마리마스까

0682. 몇 시에 영화가 끝납니까?

何時に映画は終わりますか。

난지니 에ー가와 오와리마스까

0683. 오늘 밤은 붐빕니까?

今夜は混んでいますか。

공야와 곤데 이마스까

0684. 입장료는 얼마입니까?

入場料はいくらですか。

뉴-죠-료-와 이꾸라데스가

0685. 성인 2명과 아이 3명 부탁합니다.

大人ふたりに子供3人お願いします。

오또나 후따리니 고도모 산닝 오네가이시마스

0686. 쉬는 시간은 얼마 동안 입니까?

休み時間はどれくらいですか。

야스미지깡와 도레 쿠라이데스까

0687. 프로그램을 한 장 주시 겠습니까?

プログラムを1部いただけますか。

푸로구라무오 이찌부 이따다께마스까

0688. 마실 것은 어디서 살 수 있습니까?

飲み物はどこで買えますか。

노미모노와 도꼬데 가에마스까

🗣 박물관에서

0689. 입장료는 얼마입니까?

入場料はいくらですか。

뉴-죠-료-와 이꾸라데스까

0690. 성인 8백 엔입니다.

大人ひとり8百円です。

오또나 히또리 합빠꾸엔데스

0691. 학생 할인은 있습니까?

学生割引はありますか。
がくせいわりびき

각세ー와리비끼와 아리마스까

0692. 학생증을 보여 주시겠
습니까?

学生証を見せていただけますか。
がくせいしょう み

각세ー쇼ー오 미세떼 이따다께마스까

0693. 팸플릿은 있습니까?

パンフレットはありますか。

팡후렛토와 아리마스까

0694. 가이드 안내는 있습니
까?

ガイドの案内はありますか。
あんない

가이도노 안나이와 아리마스까

0695. 가이드 안내는 5분 후
에 시작됩니다.

ガイドの案内は5分後に始まります。
あんない ふん ご はじ

가이도노 안나이와 고훙고니 하지마리마스

0696. 이 박물관에서 반드시
봐야 하는 것은 무엇입
니까?

この博物館で必見のものは何ですか。
はくぶつかん ひっけん なん

고노 하꾸부쯔깐데 힉껜노 모노와 난데스까

0697. 오늘은 몇 시에 닫습니
까?

今日は何時に閉まりますか。
きょう なんじ し

쿄ー와 난지니 시마리마스까

🗨 사진촬영

0698. 플래시촬영은 금지입니
다.

フラッシュによる撮影は禁止です。
さつえい きんし

후랏슈니 요루 사쯔에ー와 긴시데스

130

0699. 플래시는 금지되어 있
□□ 습니다.

フラッシュは禁止_{きんし}されています。

후랏슈와 긴시사레떼 이마스

0700. 비디오카메라는 여기에
□□ 맡겨 주십시오.

ビデオカメラはここに預_{あず}けてください。

비데오 카메라와 고꼬니 아즈께떼 구다사이

0701. 이 건물 내에서는 촬영
□□ 은 할 수 없습니다.

この建物_{たてもの}の中_{なか}では撮影_{さつえい}はできません。

고노 다떼모노노 나까데와 사쯔에ー와 데끼마셍

0702. 아, 미안합니다. 그건
□□ 몰랐습니다.

ああ、すみません。それは知_しりませんで
した。

아ー, 스미마셍. 소레와 시리마셍데시다

0703. 출구에 있는 기념품점
□□ 에서 슬라이드와 그림
엽서를 팔고 있습니다.

出口_{でぐち}のみやげ店_{てん}でスライドと絵_えはがきを
売_うっています。

데구찌노 미야게뗀데 스라이도또 에하가끼오 웃떼 이마스

0704. 플래시를 사용해서 사
□□ 진을 찍어도 됩니까?

フラッシュを使用_{しよう}して写真_{しゃしん}を撮_とってもい
いですか。

후랏슈오 시요ー시떼 샤싱오 돗떼모 이ー데스까

0705. 안에서 비디오카메라를
□□ 사용해도 됩니까?

なかでビデオカメラを使用_{しよう}していいで
すか。

나까데 비데오 카메라오 시요ー시떼 이ー데스까

0706. 그림을 찍어도 됩니까?
□□

絵_えの写真_{しゃしん}を撮_とってもいいですか。

에노 샤싱오 돗떼모 이ー데스까

🗨 소지품 검사

0707. 죄송합니다만, 짐을 맡겨야 합니다.
申しわけございませんが、荷物は預けていただかなければなりません。
모ー시와께 고자이마셍가, 니모쯔와 아즈케떼 이따다까나께레바 나리마셍

0708. 죄송합니다만, 카메라를 박물관 내에 가지고 들어갈 수 없습니다.
おそれいりますが、カメラを博物館の中に持って入ることはできません。
오소레이리마스가, 카메라오 하꾸부쯔깐노 나까니 못떼 하이루 고또와 데끼마셍

0709. 저쪽에서 맡겨 주십시오.
あそこで預けてください。
아소꼬데 아즈케떼 구다사이

0710. 어디에 가방을 맡깁니까?
どちらにバッグを預けるのですか。
도찌라니 박구오 아즈께루노데스까

0711. 저쪽의 카운터입니다.
あそこのカウンターです。
아소꼬노 카운타ー데스

0712. 이 가방을 맡기고 싶은데요.
このバッグを預けたいのですが。
고노 박구오 아즈케따이노데스가

0713. 잠깐만 기다리세요.
しばらくお待ちください。
시바라꾸 오마찌 구다사이

0714. 보관증 여기 있습니다.
☐☐

これが預^{あずか}り証^{しょう}です。

고레가 아즈까리쇼-데스

0715. 가방을 찾으러 오실 때
☐☐ 가지고 오십시오.

バッグを取^とりに来^こられるときにお持^もちください。

박구오 도리니 고라레루 도끼니 오마찌 구다사이

🗨 일본 스포츠

0716. 스모가 도쿄에서 열린
☐☐ 다는 걸 알고 있어.

すもうが東京^{とうきょう}で行^{おこな}われているの、知^しってる。

스모-가 도-꾜-데 오꼬나와레떼 이루노, 싯떼루

0717. 1년에 몇 번 열리니?
☐☐

場所^{ばしょ}は年^{ねん}に何回^{なんかい}あるの。

바쇼와 넨니 낭까이 아루노

0718. 6번이야. 그 중 3번은 도
☐☐ 쿄에서 열리고 나머지 3
번은 다른 곳 오사카, 나
고야, 그리고 큐슈의 하
카다에서 열려.

6回^{かい}だよ。そのうち3回^{かい}は東京^{とうきょう}で行^{おこな}われ、後^{あと}の3回^{かい}はほかのところ、大阪^{おおさか}、名古屋^{なごや}、それに九州^{きゅうしゅう}の博多^{はかた}で行^{おこな}われるんだよ。

록까이다요. 소노 우찌 상까이와 도-꾜-데 오꼬나와레, 아또노 상까이와 호까노 도꼬로, 오-사카, 나고야, 소레니 큐-슈-노 하카따데 오꼬나와레룬다요

0719. 스모는 일본에서 아주
☐☐ 인기가 있는 것 같군.

すもうは日本^{にほん}でずいぶん人気^{にんき}があるみたいだね。

스모-와 니혼데 즈이분 닝끼가 아루미따이다네

0720. 그래. 국기의 하나로 야구와 맞먹는 인기가 있는 것 같아.
□ □

あるね。国技の一つだし、野球と同じくらい人気があると思うな。

아루네. 코꾸기노 히토쯔다시, 야큐－또 오나지 쿠라이 닝끼가 아루또 오모우나

0721. 유술과 유도와의 차이가 뭐니?
□ □

柔術と柔道との違いは何なの。

쥬－쥬츠또 쥬－도－또노 치가이와 난나노

A : 申し訳ございませんが、この博物館での撮影は禁止されております。

모－시와께 고자이마셍가, 고노 하쿠부츠깐데노 사쯔에－와 긴시사레떼 오리마스

B : ああ、すみません。知りませんでした。

아－, 스미마셍. 시리마셍데시다

A : 카메라는 여기서 맡겠습니다.

카메라와 고찌라데 아즈까리마스

B : わかりました。

와카리마시다

A : 죄송합니다만, 이 박물관에서의 사진촬영은 금지되어 있습니다.

B : 아, 미안합니다. 몰랐습니다.

A : カメラはこちらで預かります。

B : 알겠습니다.

오늘 밤 좌석은 아직 있습니까?

➡

Unit 03

학습일

쇼핑

머리에 쏙쏙!

| STEP 1 | 이것만은 꼭 알아두세요.

해외여행이 빈번해지면서 여행선물을 사오는 경우는 예전보다 많이 줄어들었습니다. 하지만, 여행에서 빠뜨릴 수 없는 즐거움 중에 하나가 쇼핑이기도 입니다. 그러나 자신에게 꼭 필요한 품목은 미리 계획을 세워 구입해서 충동구매를 피하도록 합시다.

보통 가게에 들어서면 점원이 いらっしゃいませ(이랏샤이마세/어서 오십시오)라고 반갑게 맞이합니다. 물건값을 물을 때는 いくらですか(이꾸라데스까/얼마입니까?), 가격을 흥정할 때는 負けてください(마케떼 구다사이/깎아주세요)라고 해보세요.

大きすぎます。

💬 구경할 때

0722. 어서 오십시오.
□□

いらっしゃいませ。

이랏샤이마세

0723. 무얼 찾고 계십니까?
□□

何^{なに}かお探^{さが}しですか。

나니까 오사가시데스까

0724. 단지 둘러보고 있을 뿐
□□ 입니다.

ちょっと見^みてるだけです。

춋또 미떼루다께데스

0725. 도움이 필요하면 불러
□□ 주십시오.

何^{なに}かございましたら、お呼^よびください。

나니까 고자이마시따라, 오요비 구다사이

0726. 나중에 살게요.
□□

後^{あと}で買^かいます。

아또데 가이마스

0727. 이건 25% 할인입니다.
□□

これは25パーセント引^びきです。

고레와 니쥬-고 파-센토비끼데스

0728. 이건 싸고 좋은 물건입
□□ 니다.

これはお買得品^{かいどくひん}です。

고레와 오카이도꾸힌데스

0729. 지금은 세일을 하고 있
□□ 습니다.

今^{いま}、大安売^{おおやすう}りをしています。

이마, 오-야스우리오 시떼 이마스

136

0730. 이 상품들은 이번 주에
세일 중입니다.

これらの商品は今週はセールです。

고레라노 쇼-힝와 곤슈-와 세-루데스

0731. 이것이 신문광고의 상
품입니까?

これが新聞公告の商品ですか。

고레가 신붕코-코꾸노 쇼-힌데스까

🗨 백화점에서

0732. 안내소는 어디에 있습
니까?

案内所はどこですか。

안나이죠와 도꼬데스까

0733. 신사복 매장은 몇 층입
니까?

紳士服売り場は何階ですか。

신시후꾸 우리바와 낭가이데스까

0734. 2층입니다.

2階です。

니까이데스

0735. 에스컬레이터는 어디에
있습니까?

エスカレーターはどこですか。

에스카레-타-와 도꼬데스까

0736. 저쪽 모퉁이입니다.

あそこのかどです。

아소꼬노 카도데스

0737. 완구 매장은 어디입니
까?

おもちゃ売り場はどこですか。

오모챠 우리바와 도꼬데스까

0738. 이 층 안쪽에 있습니다.

この階の奥です。

고노 카이노 오꾸데스

0739. 저 신사복 매장 맞은편에 있습니까?

あの紳士服売り場のむこうですか。

아노 신시후꾸 우리바노 무꼬-데스까

0740. 어디에 핸드백이 있습니까?

どこにハンドバッグがありますか。

도꼬니 한도박구가 아리마스까

🗨 기념품점에서

0741. 이 지방의 대표적인 민속품을 찾고 있는데요.

この地域の代表的な民芸品がほしいんですが。

고노 치이끼노 다이효-테끼나 밍게-힝가 호시인데스가

0742. 아들에게 줄 선물을 찾고 있는데요.

息子のお土産を探しているんですが。

무스꼬노 오미야게오 사가시떼 이룬데스가

0743. 이 목각 접시는 어떠십니까?

この木彫りの皿はいかがですか。

고노 키보리노 사라와 이까가데스까

0744. 이 지역에 관한 책이나 비디오는 있습니까?

この地域の本かビデオはありますか。

고노 치이끼노 홍까 비데오와 아리마스까

0745. 저건 얼마입니까?

あれはいくらですか。

아레와 이꾸라데스까

0746. 2천 3백 엔입니다.

2千3百円です。
せんびゃくえん

니센 삼뱌꾸엔데스

0747. 더 싼 것은 없습니까?

もっと安いのはありませんか。
やす

못또 야스이노와 아리마셍까

0748. 이것은 무엇으로 되어
있습니까?

これは何でできていますか。
なに

고레와 나니데 데끼떼 이마스까

0749. 이것은 영국제입니까?

これはイギリス製ですか。
せい

고레와 이기리스 세−데스까

🗨 귀금속점에서

0750. 이 장신구 좀 보여 주시
겠습니까?

このペンダントを見せていただけますか。
み

고노 펜단토오 미세떼 이따다께마스까

0751. 루비 반지를 보여 주시
겠습니까?

ルビーの指輪を見せていただけますか。
ゆびわ み

루비−노 유비와오 미세떼 이따다께마스까

0752. 이것은 어떠십니까?

これはいかがですか。

고레와 이까가데스까

0753. 이건 어떤 보석입니까?

これはどんな石ですか。
いし

고레와 돈나 이시데스까

139

0754. 다른 색은 없습니까?

ほかの色はありませんか。

호까노 이로와 아리마셍까

0755. 무슨 색을 좋아하십니까?

何色をお好みですか。

나니이로오 오코노미데스까

0756. 이것은 몇 캐럿입니까?

これは何カラットですか。

고레와 낭 카랏토데스까

0757. 1캐럿입니다.

1カラットです。

이찌 카랏토데스

0758. 한 번 끼어 봐도 됩니까?

はめてみてもいいですか。

하메떼 미떼모 이-데스까

0759. 예, 그러세요.

どうぞ。

도-조

🗨 여성복점에서

0760. 나는 이런 드레스를 갖고 싶은데요.

私はこんなドレスがほしいんですが。

와따시와 곤나 도레스가 호시인데스가

0761. 고객님의 사이즈는요?

お客さまのサイズは?

오캬꾸사마노 사이즈와

0762. 제 사이즈는 잘 모릅니다.

わたしのサイズはよくわかりません。

와따시노 사이즈와 요꾸 와까리마셍

0763. 제 사이즈를 재 주시겠습니까?

わたしのサイズを計っていただけますか。

와따시노 사이즈오 하깟떼 이따다께마스까

0764. 이 드레스의 천은 무엇입니까?

このドレスの生地は何ですか。

고노 도레스노 기지와 난데스까

0765. 이것은 어떻습니까?

これはどうですか。

고레와 도−데스까

0766. 이것을 입어 보시겠습니까?

これを試着してみますか。

고레오 시챠꾸시떼 미마스까

0767. 피팅룸은 어디입니까?

試着室はどこですか。

시챠꾸시쯔와 도꼬데스까

0768. 너무 큽니다.

大きすぎます。

오−끼스기마스

0769. 좀 더 작은 것 있습니까?

もう少し、小さいのがありますか。

모− 스꼬시, 치−사이 노가 아리마스까

0770. 이 스웨터로 다른 색은 있습니까?

このセーターの色違いはありますか。

고노 세−타−노 이로치가이와 아리마스까

약국에서

0771. 치통에 잘 듣는 약이 있습니까?

歯痛によく効く薬はありますか。

시쓰-니 요꾸 기꾸 구스리와 아리마스까

0772. 아스피린을 주십시오.

アスピリンをください。

아스피링오 구다사이

0773. 복통에 잘 듣는 약이 있습니까?

腹痛によく効く薬はありますか。

후꾸쓰-니 요꾸 기꾸 구스리와 아리마스까

0774. 두통약을 주십시오.

頭痛薬をください。

즈쓰-야꾸오 구다사이

0775. 약간 열이 있고 기침이 납니다.

少し熱があって、せきが出ます。

스꼬시 네쯔가 앗떼, 세끼가 데마스

0776. 이 처방전의 약을 조제해 주시겠습니까?

この処方せんの薬を調合してくださいますか。

고노 쇼호-센노 구스리오 쵸-고-시떼 구다사이마스까

0777. 그것은 몇 알 들어 있습니까?

それは何錠入りですか。

소레와 난죠-이리데스까

0778. 한 번에 몇 알 먹으면 됩니까?

1回に何錠飲んだらいいのですか。

익까이니 난죠- 논다라 이-노데스까

142

0779. 라벨의 지시에 따라 주
□□ 십시오.

ラベルの指示に従ってください。

라베루노 시지니 시따갓떼 구다사이

🗨 반품할 때

0780. 이것을 어제 여기서 샀
□□ 습니다.

これはきのうここで買いました。

고레와 기노- 고꼬데 가이마시다

0781. 이것을 교환해 주셨으
□□ 면 하는데요.

これを交換していただきたいのですが。

고레오 코-깐시떼 이따다끼따이노데스가

0782. 이 글라스가 깨져 있습
□□ 니다.

このグラスはこわれています。

고노 구라스와 고와레떼 이마스

0783. 살 때에는 몰랐습니다.
□□

買ったときには気がつきませんでした。

갓따 도끼니와 기가 쓰끼마센데시다

0784. 보여 주시겠습니까?
□□

見せていただけますか。

미세떼 이따다께마스까

0785. 교환해 주시겠습니까?
□□

取り替えていただけますか。

도리카에떼 이따다께마스까

0786. 영수증은 가지고 계십
□□ 니까?

領収書はお持ちですか。

료-슈-쇼와 오모찌데스까

0787. 이것이 새 것입니다.

これが<ruby>新<rt>あたら</rt></ruby>しいものです。

고레가 아따라시- 모노데스

STEP 3 실전대화를 해보세요.

A : いらっしゃいませ。

이랏샤이마세

B : 잠깐 구경하겠습니다.

춋또 미세떼 모라이마스

A : <ruby>何<rt>なに</rt></ruby>かございましたら、お<ruby>呼<rt>よ</rt></ruby>びください。

나니까 고자이마시따라, 오요비 구다사이

B : ありがとうございます。

아리가또- 고자이마스

A : 어서 오십시오.

B : ちょっと<ruby>見<rt>み</rt></ruby>せてもらいます。

A : 도움이 필요하면 불러 주십시오.

B : 감사합니다.

STEP 4 직접 쓰고 읽어보세요.

이것을 교환해 주셨으면 하는데요.

➡

144

くいただいて、こちらこそ楽しかったです。
ちらへはどうやって行くのですか。またあそ
来てもらえますか。ここの自慢料理は何で
か。地元の人がよく行くレストランはありま

Part

6

どこですか。何に興味をお持ちですか。ツ
ーは何時間かかりますか。料金はいくらで
か。入場は有料ですか。たくさん取ってくだ
いね。無料のパンフレットはありますか。

일상생활

えてください。これはどういう料理ですか。
ぐできますか。静かな奥の席にお願いしま

전화

STEP 1   이것만은 꼭 알아두세요.

요즘은 해외로밍을 하거나 현지 전화국의 유심을 사서 직접 스마트폰에 꽂으면 국내전화는 물론, 국제전화, 인터넷 등을 자유자재로 할 수 있으므로 공중전화를 찾거나 전화를 빌리는 경우는 그다지 많지 않습니다.

현지인과 직접 통화를 할 경우에 전화를 걸 때는 もしもし、～をお願いします(모시모시, ～오 오네가이시마스/여보세요, ～를 부탁합니다)라고 전화 상대를 찾으면 됩니다. 이때 먼저 자신의 이름이나 소속을 밝히고 통화를 할 상대를 부탁하는 것도 통화 에티켓이므로 잊지 말도록 합니다.

STEP 2 여러 번 듣고 소리내어 반복해서 읽어보세요.

🗨 시내전화를 걸 때

0788. 여보세요.
☐☐☐
もしもし。
모시모시

0789. 야마다 씨입니까?
☐☐
山田さんですか。
야마다산데스까

0790. 기무라는 있습니까?
☐☐
木村はいますか。
기무라와 이마스까

0791. 야마다 씨 댁입니까?
☐☐
山田さんのお宅ですか。
야마다산노 오타꾸데스까

0792. 다나까 씨와 통화하고
☐☐ 싶은데요.
田中さんと話したいんですが。
다나까산또 하나시따인데스가

0793. 미안합니다만, 전화를
☐☐ 잘못 거셨습니다.
すみませんが、違う番号へおかけです。
스미마셍가, 치가우 방고ー에 오카께데스

0794. 그녀를 바꾸겠습니다.
☐☐
彼女に代わります。
카노죠니 가와리마스

0795. 전화해 줘서 고마워요.
☐☐
電話してくださってありがとう。
뎅와시떼 구다삿떼 아리가또ー

🗨 공중전화를 이용할 때

0796. 공중전화는 어디에 있습니까?

公衆電話はどこにありますか。

코ー슈ー뎅와와 도꼬니 아리마스까

0797. 이 전화의 사용법을 가르쳐 주시겠습니까?

この電話の使い方を教えていただけますか。

고노 뎅와노 쓰까이카따오 오시에떼 이따다께마스까

0798. 수화기를 드십시오.

受話器をお取りください。

쥬와끼오 오토리 구다사이

0799. 동전을 넣으세요.

コインをお入れください。

코잉오 오이레 구다사이

0800. 시내전화는 얼마입니까?

市内電話はいくらですか。

시나이뎅와와 이꾸라데스까

0801. 이 전화는 신용카드 전용입니다.

この電話はクレジットカード専用です。

고노 뎅와와 쿠레짓토카ー도 셍요ー데스

0802. 이 숫자를 돌립니다.

これらの数字をダイヤルします。

고레라노 스ー지오 다이야루시마스

0803. 전화번호를 모를 때는 어떻게 하면 됩니까?

電話番号がわからないときはどうしたらいいですか。

뎅와방고ー가 와까라나이 도끼와 도ー시따라 이ー데스까

0804. 시내번호 안내 104로
전화하십시오.

104の番号案内に電話してください。

이찌레이욘노 방고－안나이니 뎅와시떼 구다사이

🗨 호텔 내선전화를 이용할 때

0805. 311호실에는 어떻게 전
화하면 됩니까?

311号室へはどうやって電話すればよい
のですか。

삼뱌꾸쥬－이찌 고－시쯔에와 도－얏떼 뎅와스레바 요이노데스까

0806. 311을 돌리십시오.

311をダイヤルしてください。

상이찌이찌오 다이야루시떼 구다사이

0807. 어떻게 하면 이 호텔에
서 외선으로 연결됩니
까?

どうすればこのホテルから外線へつな
がりますか。

도－스레바 고노 호테루까라 가이셍에 쓰나가리마스까

0808. 시내전화입니까?

市内電話ですか。

시나이뎅와데스까

0809. 장거리 전화입니다.

長 距離電話です。

쵸－쿄리 뎅와데스

0810. 1을 돌리고 수신음이
들리면 시외국번과 전
화번호를 돌리세요.

1をダイアルして受信音がしたら、市外 局
番と電話番号をダイアルしてください。

이찌오 다이야루시떼 쥬싱옹가 시따라, 시가이쿄꾸반또 뎅와방
고－오 다이야루시떼 구다사이

0811. 국제전화인 경우는 어
□□ 떻게 하면 됩니까?

国際電話の場合はどうすればいいですか。

코꾸사이뎅와노 바아이와 도-스레바 이-데스까

0812. 011을 돌리고 나서 국
□□ 가번호 시외국번과 전
화번호를 돌리세요.

011をダイアルして、それから国の番
号、市外局番と電話番号をダイアルし
てください。

제로이찌이찌오 다이야루시떼, 소레까라 구니노 방고-, 시가이
교꾸반또 뎅와방고-오 다이야루시떼 구다사이

0813. 국제전화 교환을 불러
□□ 주시겠습니까?

国際電話のオペレーターを呼んでいた
だけますか。

코꾸사이뎅와노 오페레-타-오 욘데 이따다께마스까

🗨 전화를 빌려 쓸 때

0814. 이 전화를 써도 되겠습
□□ 니까?

この電話をお借りしてもいいですか。

고노 뎅와오 오카리시떼모 이-데스까

0815. 네, 그러세요.
□□

ええ、どうぞ。

에-, 도-조

0816. 외선은 0번을 돌리세
□□ 요.

外線はゼロをダイヤルしてください。

가이셍와 제로오 다이야루시떼 구다사이

0817. 미안합니다만, 복도 끝
□□ 에 있는 공중전화를 사
용하십시오.

すみませんが、廊下のつきあたりの公
衆電話をご使用ください。

스미마셍가, 로-까노 쓰끼아따리노 코-슈-뎅와오 고시요- 구
다사이

0818. 전화번호부 있습니까?

電話帳はありますか。

でん わ ちょう

뎅와쬬－와 아리마스까

0819. 내선 255번을 부탁합니다.

内線の255番をお願いします。

ない せん　　　　ばん　　ねが

나이센노 니햐꾸고쥬－고방오 오네가이시마스

🗨 상대가 부재중일 때

0820. 기획부의 기무라 씨와 통화하고 싶은데요.

企画部の木村氏と話したいんですが。

き かく ぶ　　き むらし　　はな

키까꾸부노 기무라시또 하나시따인데스가

0821. 누구십니까?

どちらさまですか。

도찌라사마데스까

0822. 한국물산의 이진우입니다.

韓国物産の李珍宇です。

かんこくぶっさん　　イ ジン ウ

캉코꾸 붓산노 이진우데스

0823. 미안합니다만, 다나카는 출장 중인데 월요일까지는 돌아오지 않습니다.

すみませんが、田中は出張で月曜日まで戻りません。

た なか しゅっちょう げつようび
もど

스미마셍가, 다나카와 슛쬬－데 게쯔요－비마데 모도리마셍

0824. 스즈키는 지금 자리에 없습니다. 대신에 야마다와 통화하시겠습니까?

鈴木はただ今、席をはずしております。かわりに山田と話されますか。

すず き　　いま　せき
やま だ　　はな

스즈끼와 다다이마, 세끼오 하즈시떼 오리마스. 가와리니 야마다또 하나사레마스까

0825. 전하실 말씀이 있으십니까?

伝言<ruby>はございますか。
でんごん

뎅공와 고자이마스까

0826. 됐습니다.

けっこうです。

젝꼬ー데스

0827. 나중에 전화하겠습니다.

のちほど電話します。

노찌호도 뎅와시마스

🗨 장거리전화를 걸 때

0828. 서울에 전화하고 싶습니다만.

ソウルに電話したいんですが。

서우루니 뎅와시따인데스가

0829. 보통통화입니까, 지명통화입니까?

普通通話ですか、指名通話ですか。

후쓰ー쓰ー와데스까, 시메ー쓰ー와데스까

0830. 이진우 씨를 지명전화로 부탁합니다.

李珍宇さんを指名通話でお願いします。

이진우상오 시메ー쓰ー와데 오네가이시마스

0831. 전화번호는 몇 번입니까?

電話番号は何番ですか。

뎅와방고ー와 남반데스까

0832. 네, 알겠습니다. 잠시만 기다려 주십시오.

はい、わかりました。しばらくお待ちください。

하이, 와까리마시다. 시바라꾸 오마찌구다사이

0833. 직통으로 장거리 전화
□□ 는 어떻게 겁니까?

直通ダイヤルで長距離電話はどのように
かけますか。

쵸쿠쓰– 다이야루데 쵸–쿄리뎅와와 도노요–니 가께마스까

0834. 한국으로의 전화요금이
□□ 가장 싼 시간은 언제입
니까?

韓国への電話料金がいちばん安い時間
はいつですか。

캉코꾸에노 뎅와료–낑가 이찌방 야스이 지깡와 이쯔데스까

📢 컬렉트콜로 전화를 걸 때

0835. 야마다 히로시 씨로부
□□ 터 컬렉트콜입니다.

山田ひろしさんからコレクトーコールが
入っています。

야마다 히로시상까라 코레쿠토–코–루가 하잇떼 이마스

0836. 받으시겠습니까?
□□

お受けになりますか。

오우께니 나리마스까

0837. 예, 감사합니다.
□□

はい、ありがとうございます。

하이, 아리가또– 고자이마스

0838. 컬렉트콜은 어떻게 하
□□ 면 됩니까?

コレクトーコールはどのようにすればい
いですか。

코레쿠토–코–루와 도노요–니 스레바 이–데스까

0839. 0과 전화번호를 돌려서 교환에게 컬렉트콜 전화를 걸고 싶다고 말하십시오.

0と電話番号をダイアルして、オペレーターにコレクトーコールをしたいと言ってください。

제로또 뎅와방고ー오 다이야루시떼, 오페레ー타ー니 코레쿠토ー 코ー루오 시따이또 잇떼 구다사이

0840. 한국으로도 컬렉트콜로 전화를 걸 수 있습니까?

韓国へもコレクトーコールで電話がかけられます。

캉코꾸에모 코레쿠토ー코ー루데 뎅와가 가께라레마스까

0841. 항공회사에도 컬렉트콜로 걸 수 있습니까?

航空会社にもコレクトーコールでかけられます。

코ー꾸ー가이샤니모 코레쿠토ー코ー루데 가께라레마스

0842. 컬렉트콜 요금은 비쌉니까?

コレクトコールの料金は高いですか。

코레쿠토ー코ー루노 료ー낑와 다까이데스까

0843. 컬렉트콜 전화요금은 지명통화와 같은 요금입니다.

コレクトコールの電話料金は指名通話と同じ料金です。

코레쿠토ー코ー루노 뎅와료ー낑와 시메ー쓰ー와또 오나지 료ー낀데스

🐥 호텔 전화요금에 문제가 있을 때

0844. 전화를 하지 않았는데 전화료가 청구되었습니다.

電話をしなかったのに、電話代が請求されています。

뎅와오 시나깟따노니, 뎅와다이가 세ー뀨ー사레데 이마스

0845. 객실 전화를 사용했습
니까?

部屋の電話を使用しましたか。

헤야노 뎅와오 시요-시마시다까

0846. 친구로부터 전화가 있
었습니다.

友人から電話がありました。

유-징까라 뎅와가 아리마시다

0847. 전화를 받아도 요금은
들지 않습니다.

電話を受けても、料金はかかりません。

뎅와오 우께떼모, 료-낑와 가까리마셍

0848. 시내의 친구에게 전화
하려 했지만 부재중이
었습니다.

市内の友人に電話しようとしましたが、
留守でした。

시나이노 유-진니 뎅와시요-또 시마시따가, 루스데시다

0849. 객실 전화를 컬렉트콜
전화라도 사용하면 요
금이 듭니다.

部屋の電話をコレクトコールの電話でも
使用すると料金がかかります。

헤야노 뎅와오 코레쿠토코-루노 뎅와데모 시요-스루또 료-낑
가 가까리마스

0850. 객실 전화를 사용해서
5회 이상 전화벨이 울
리면 요금이 청구됩니
다.

部屋の電話を使用して、5回以上 通話
音がすると料金がかかります。

헤야노 뎅와오 시요-시떼, 고까이 이죠- 쓰-와옹가 스루또
료-낑가 가까리마스

0851. 엣, 정말입니까?

ええっ、ほんとうですか。

에엣, 혼또-데스까

0852. 일본의 대부분 호텔이
같은 식으로 청구하고
있습니다

日本のほとんどのホテルが同じように
請求しています。

니혼노 호똔도노 호테루가 오나지요-니 세-뀨-시떼 이마스

A : もしもし。みちこですか。

모시모시, 미치꼬데스까

B : いいえ、みちこの母です。どちら様ですか。

이-에, 미치꼬노 하하데스. 도찌라사마데스까

A : 失礼しました。金東洙です。

시쯔레-시마시다. 김동수데스

B : **잠깐 기다려요. 바꿔 줄게요.**

시바라꾸 오마찌 구다사이. 카노죠니 가와리마스

A : 여보세요. 미치코입니까?

B : 아니에요, 미치코 엄마예요. 누구시죠?

A : 실례했습니다. 김동수입니다.

B : しばらくお待ちください。彼女に代わります。

이 전화를 써도 되겠습니까?

➡

우체국

머리에 쏙쏙!

우리와 마찬가지로 일본의 우체국은 전국 방방곡곡에 있으며 편지는 물론 소포 배달 이외에 저금, 보험 등의 업무도 함께 하고 있습니다. 우체국의 업무시간은 월요일부터 금요일까지로 오전 9시부터 오후 5시까지 하며 토요일과 일요일 및 국경일(일본은 경축일)은 휴무입니다. 또한 우표나 엽서는 우체국 이외에 kiosk(전철역에 있는 매장) 등 우체국 〒 마크가 있는 가게에서도 판매합니다. 우체통은 빨간색으로 도로 여기저기에 설치되어 있으며 〒 마크가 붙어 있습니다.

🗨 편지를 보낼 때

0853. 이 편지를 한국으로 보
□□ 내고 싶은데요.

この<ruby>手紙<rt>てがみ</rt></ruby>を<ruby>韓国<rt>かんこく</rt></ruby>に<ruby>送<rt>おく</rt></ruby>りたいんですが。

고노 데가미오 캉코꾸니 오꾸리따인데스가

0854. 항공편입니까, 선편입
□□ 니까?

<ruby>航空便<rt>こうくうびん</rt></ruby>ですか、<ruby>船便<rt>ふなびん</rt></ruby>ですか。

코-꾸-빈데스까, 후나빈데스까

0855. 이 편지를 한국에 항공
□□ 편으로 보내고 싶은데
요.

この<ruby>手紙<rt>てがみ</rt></ruby>を<ruby>韓国<rt>かんこく</rt></ruby>に<ruby>航空便<rt>こうくうびん</rt></ruby>で<ruby>送<rt>おく</rt></ruby>りたいん
ですが。

고노 데가미오 캉코꾸니 코-꾸-빈데 오꾸리따인데스가

0856. 이것은 6백 그램을 초
□□ 과하니까 천 엔입니다.

これは6<ruby>百<rt>ぴゃく</rt></ruby>グラムを<ruby>超過<rt>ちょうか</rt></ruby>していますか
ら、<ruby>千円<rt>せんえん</rt></ruby>になります。

고레와 롭빠꾸 구라무오 쵸-까시떼 이마스까라, 셍엔니 나리마스

0857. 한국에 엽서를 항공편
□□ 으로 부치면 얼마가 됩
니까?

<ruby>韓国<rt>かんこく</rt></ruby>にはがきを<ruby>航空便<rt>こうくうびん</rt></ruby>で<ruby>送<rt>おく</rt></ruby>るといくら
になりますか。

캉코꾸니 하가끼오 코-꾸빈데 오꾸루또 이꾸라니 나리마스까

0858. 한국에 엽서를 항공편
□□ 으로 보내면 4백 엔입
니다.

<ruby>韓国<rt>かんこく</rt></ruby>にはがきを<ruby>航空便<rt>こうくうびん</rt></ruby>で<ruby>送<rt>おく</rt></ruby>ると4<ruby>百円<rt>ひゃくえん</rt></ruby>に
なります。

캉코꾸니 하가끼오 코-꾸-빈데 오꾸루또 용햐꾸엔니 나리마스

0859. 이 편지를 한국에 속달
□□ 로 보내고 싶은데요.

この<ruby>手紙<rt>てがみ</rt></ruby>を<ruby>韓国<rt>かんこく</rt></ruby>に<ruby>速達<rt>そくたつ</rt></ruby>で<ruby>送<rt>おく</rt></ruby>りたいんで
すが。

고노 데가미오 캉코꾸니 소쿠타쯔데 오꾸리따인데스가

0860. 등기로 해 주십시오.

書^{かきとめ}留にしてください。

가키또메니 시떼 구다사이

0861. 이 편지의 우편요금은 얼마입니까?

この手紙^{てがみ}の郵便料金^{ゆうびんりょうきん}はいくらですか。

고노 데가미노 유-빈료-낑와 이꾸라데스까

0862. 모두 같은 무게입니까?

みんな同^{おな}じ重^{おも}さですか。

민나 오나지 오모사데스까

0863. 잘 모르겠습니다.

よくわかりません。

요꾸 와까리마셍

🗨 우표 또는 엽서를 살 때

0864. 한국까지 항공편 우표 4장을 부탁합니다.

韓国^{かんこく}までの航空便^{こうくうびん}の切手^{きって}4枚^{まい}お願^{ねが}いします。

캉코꾸마데노 코-꾸-빈노 깃떼 욤마이 오네가이시마스

0865. 일본 내에서 편지를 부치는 것은 얼마입니까?

日本国内^{にほんこくない}で手紙^{てがみ}を送^{おく}るのはいくらですか。

니홍 코꾸나이데 데가미오 오꾸루노와 이꾸라데스까

0866. 6백 그램까지 3백 엔입니다.

6百^{ぴゃく}グラムまで3百円^{びゃくえん}です。

롭뺘꾸 구라무마데 삼뱌꾸엔데스

0867. 1백 엔 우표를 10장 주십시오.

百円^{ひゃくえん}の切手^{きって}を10枚^{まい}お願^{ねが}いします。

햐꾸엔노 깃떼오 쥬-마이 오네가이시마스

0868. 엽서는 얼마입니까?

はがきはいくらですか。

하가끼와 이꾸라데스까

0869. 항공 봉함엽서는 있습니까?

<ruby>航空<rt>こうくう</rt></ruby><ruby>書簡<rt>しょかん</rt></ruby>はありますか。

코-꾸-쇼깡와 아리마스까

0870. 도쿄도의 이 주소의 우편번호는 몇 번입니까?

<ruby>東京都<rt>とうきょうと</rt></ruby>のこの<ruby>住所<rt>じゅうしょ</rt></ruby>の<ruby>郵便番号<rt>ゆうびんばんごう</rt></ruby>は<ruby>何番<rt>なんばん</rt></ruby>ですか。

도-꾜-또노 고노 쥬-쇼노 유-빔방고-와 남반데스까

0871. 이 편지의 무게를 달아 주시겠습니까?

この<ruby>手紙<rt>てがみ</rt></ruby>の<ruby>重<rt>おも</rt></ruby>さをはかっていただけますか。

고노 데가미노 오모사오 하깟떼 이따다께마스까

0872. 기념우표는 있습니까?

<ruby>記念切手<rt>きねんきって</rt></ruby>はありますか。

기넹킷떼와 아리마스까

🗨 소포를 보낼 때

0873. 이 소포를 한국에 보내고 싶은데요.

この<ruby>小包<rt>こづつみ</rt></ruby>を<ruby>韓国<rt>かんこく</rt></ruby>に<ruby>送<rt>おく</rt></ruby>りたいんですが。

고노 코즈쓰미오 캉코꾸니 오꾸리따인데스가

0874. 항공편입니까, 선편입니까?

<ruby>航空便<rt>こうくうびん</rt></ruby>ですか、<ruby>船便<rt>ふなびん</rt></ruby>ですか。

코-꾸-빈데스까, 후나빈데스까

0875. 항공편으로는 얼마가 듭니까?

<ruby>航空便<rt>こうくうびん</rt></ruby>ではいくらかかりますか。

코-꾸-빈데와 이꾸라 가까리마스까

0876. 선편으로는 어느 정도
기간이 걸립니까?

船便ではどれくらいの期間がかかります
か。

후나빈데와 도레쿠라이노 기깡가 가까리마스까

0877. 선편으로 부탁합니다.

船便でお願いします。

후나빈데 오네가이시마스

0878. 보험에 들고 싶은데요.

保険をかけたいんですが。

호껭오 가께따인데스가

0879. 이 소포에 3천 엔의 보
험을 들고 싶은데요.

この小包に3千円の保険をかけたいんで
すが。

고노 코즈쓰미니 산젱엔노 호껭오 가케따인데스가

0880. 내용물은 무엇입니까?

中身は何ですか。

나까미와 난데스까

0881. 내용물은 2천 엔의 가
치가 있습니다.

中身は2千円の価値があります。

나까미와 니셍엔노 가치가 아리마스

0882. 내용물은 깨지기 쉬운
것이니까, 깨지는 것이
라고 써 주십시오.

中身はこわれものですので、「こわれも
の」と書いてください。

나까미와 고와레모노데스노데, 「고와레모노」 또 가이떼 구다사이

0883. 이 세관신고서에 기입
해 주십시오.

この税関の申告書に記入してください。

고노 제-깐노 싱코꾸쇼니 기뉴-시떼 구다사이

책을 보낼 때

0884. 이 소포들을 한국에 선편으로 보내고 싶은데요.

これらの小包を韓国に船便で送りたいんですが。

고레라노 고즈쓰미오 캉코꾸니 후나빈데 오꾸리따인데스가

0885. 내용물은 무엇입니까?

中身は何ですか。

나까미와 난데스까

0886. 책입니다.

本です。

혼데스

0887. 이 소포 속에는 인쇄물은 포함되어 있지 않습니까?

この小包の中には印刷物は含まれていませんか。

고노 코즈쓰미노 나까니와 인사쓰부쯔와 후꾸마레떼 이마셍까

0888. 복사한 것이 좀 있습니다.

コピーしたものが少しあります。

코피―시따 모노가 스꼬시 아리마스

0889. 책뿐이라면, 가장 싼 방법은 색 메일입니다.

本だけなら、もっとも安い方法はサックメールです。

혼다께나라, 못또모 야스이 호―호―와 삭쿠메―루데스

0890. 소포에는 보통소포, 인쇄물, 책 등 3가지의 다른 요금이 있습니다.

小包には普通小包、印刷物、本の3つの料金があります。

코즈쓰미니와 후쓰― 코즈쓰미, 인사쓰부쯔, 혼노 밋쯔노 료―낑가 아리마스

162

0891. 신고서를 쓸 필요는 있습니까?

申告書に記入する必要はありますか。

싱코꾸쇼니 기뉴-스루 히쯔요-와 아리마스까

💬 다음날 배달 우편을 이용할 때

0892. 편지를 가능한 한 빨리 보내고 싶은데, 어떻게 하면 될까요?

手紙をできるだけ早く送りたいんですが、どうすればいいでしょうか。

데가미오 데끼루다께 하야꾸 오꾸리따인데스가, 도-스레바 이-데쇼-까

0893. 다음날 배달 우편으로 보내는 게 좋을 겁니다.

よくじつ配達の郵便で送るのがいいでしょう。

요꾸지쯔 하이타쯔노 유-빈데 오꾸루노가 이-데쇼-

0894. 얼마입니까?

いくらですか。

이꾸라데스까

0895. 이 특별한 봉투에 넣어서 부칩니다.

この特別の封筒で送ります。

고노 토꾸베쯔노 후-또-데 오꾸리마스

0896. 다음날 배달 우편의 접수마감 시간은 몇 시입니까?

よくじつ配達の郵便の受付締切時間は何時ですか。

요꾸지쯔 하이타쯔노 유-빈노 우케쓰께 시메끼리 지깡와 난지데스까

0897. 이 우체국에서는 3시입니다.

この郵便局では3時です。

고노 유-빙쿄꾸데와 산지데스

0898. 일본의 어디라도 다음 날에 편지를 배달해줍니까?

日本のどこへでも次の日に手紙を配達していただけますか。

니혼노 도꼬에데모 쓰기노 히니 데가미오 하이타쯔시떼 이따다께마스까

0899. 다음날 배달 우편이 되는 것은 대도시뿐입니다.

よくじつ配達が保証されているのは大きな都市だけです。

요꾸지쯔 하이타쯔가 호쇼-사레떼 이루노와 오-끼나 도시다께데스

0900. 편지를 빨리 보내는 다른 방법은 있습니까?

他に手紙を早く送る方法はありますか。

호까니 데가미오 하야꾸 오꾸루 호-호-와 아리마스까

🗣 우체국에서의 문제

0901. 이 작은 소포를 부치고 싶은데요.

この小さい小包を送りたいんですが。

고노 치-사이 코즈쓰미오 오꾸리따인데스가

0902. 부치기에는 너무 작습니다.

送るには小さすぎます。

오꾸루니와 치-사스기마스

0903. 이것은 책으로 부치기에는 너무 얇습니다.

これは本として送るには薄すぎます。

고레와 혼토시떼 오꾸루니와 우스스기마스

0904. 어떻게 하면 좋겠습니까?

どうすればいいでしょうか。

도-스레바 이-데쇼-까

0905. 전보를 보내고 싶은데
□ □ 요.

でんぽう　おく
電報を送りたいんですが。

뎀뽀-오 오꾸리따인데스가

0906. 전보는 취급하고 있지
□ □ 않습니다.

でんぽう　あつか
電報は扱っていません。

뎀뽀-와 아쓰깟떼 이마셍

STEP 3 실전대화를 해보세요.

둘이서
쌀라쌀라!

A : こづつみ　かんこく　おく
この小包を韓国に送りたいんですが。

고노 코즈쓰미오 캉코꾸니 오꾸리따인데스가

B : 항공편입니까, 선편입니까?

코-꾸-빈데스까, 후나빈데스까

A : ふなびん　ねが
船便でお願いします。

후나빈데 오네가이시마스

B : ぜいかん　しんこくしょ　き にゅう
この税関の申告書に記入してください。

고노 제-깐노 싱코꾸쇼니 기뉴-시떼 구다사이

A : 이 소포를 한국으로 보내고 싶은데요.

B : こうくうびん　　　ふなびん
航空便ですか、船便ですか。

A : 선편으로 부탁합니다.

B : 이 세관신고서에 기입해 주십시오.

STEP 4 직접 쓰고 읽어보세요.

손으로
또박또박!

이 편지를 한국으로 보내고 싶은데요.

➡

은행

STEP 1   이것만은 꼭 알아두세요.

일본으로 출국하기 전에 국내 은행이나 공항 지점에서 엔화로 환전을 하기 때문에 현지에서 엔화로 환전할 일은 많지 않습니다. 일본의 화폐단위는 円(엔)으로 시중에서 통용되는 화폐의 종류는 동전이 1, 5, 10, 50, 100, 500円(엔) 여섯 가지이며, 지폐는 1000, 2000, 5000, 10000円(엔) 네 가지가 있습이다. 은행을 이용해 본 경험이 있는 사람이라면 일본에서 은행을 이용하는 데는 별 어려움이 없습니다. 은행 창구 업무 시간은 우리와 같으며, 통장을 개설할 때는 외국인등록증이나 여권을 지참해야 하며, 자유롭게 입출금할 수 있는 예금통장을 만드는 것도 편합니다.

STEP 2 여러 번 듣고 소리내어 반복해서 읽어보세요.

💬 잔돈을 바꿀 때

0907. 어디에서 잔돈으로 바
꿀 수 있습니까?

どこで小銭に替えれますか。

도꼬데 코제니니 가에라레마스까

0908. 저기에 출납계가 있습
니다.

あそこにレジがあります。

아소꼬니 레지가 아리마스

0909. 만 엔짜리 지폐를 잔돈
으로 바꿔 주십시오.

1万円をくずしてください。

이찌망엥오 구즈시떼 구다사이

0910. 네. 백 엔, 천 엔, 5천
엔입니다.

はい。百円、千円、5千円。

하이. 햐꾸엔, 셍엔, 고셍엔

0911. 전화를 거는데 잔돈이
필요한데요.

電話をかけるのに小銭がほしいんです
が。

뎅와오 가께루노니 코제니가 호시인데스가

0912. 50엔 동전 2개, 100엔
동전 4개입니다.

50円玉2枚、百円玉4枚です。

고쥬-엔다마 니마이, 햐꾸엔다마 욤마이데스

0913. 팁으로 사용할 소액권
지폐가 필요한데요.

チップ用に少額紙幣がほしいんですが。

칩푸요-니 쇼-가꾸시헤-가 호시인데스가

0914. 이 그림엽서들을 사고
싶은데 만 엔 짜리도 받
습니까?

この絵はがきを買いたいんですが、1万
円札でもいいですか。

고노 에하가끼오 가이따인데스가, 이찌망엔사쯔데모 이-데스까

0915. 미안하지만, 거스름돈
이 없습니다.

すみませんが、お釣りがありません。

스미마셍가, 오쯔리가 아리마셍

0916. 이것을 잔돈으로 바꿔
주세요.

これを小銭にくずしてください。

고레오 코제니니 구즈시떼 구다사이

🗨 계산

0917. 얼마입니까?

いくらですか。

이꾸라데스까

0918. 현금입니까, 카드입니
까?

現金ですか、カードですか。

겡낀데스까, 카-도데스까

0919. 계산을 부탁합니다.

勘定をお願いします。

칸죠-오 오네가이시마스

0920. 어디에서 지불합니까?

どこで払うんですか。

도꼬데 하라운데스까

0921. 제가 합니다.

わたしがします。

와따시가 시마스

0922. 여행자수표로 지불할
☐☐ 수 있습니까?

トラベラーズチェックで支払えますか。

토라베라―즈첵꾸데 시하라에마스까

0923. 일본 여행자수표라면
☐☐ 괜찮습니다.

日本のトラベラーズチェックならだいじょうぶです。

니혼노 토라베라―즈첵꾸나라 다이죠―부데스

0924. 미안합니다만, 현금만
☐☐ 받습니다.

すみませんが、現金しかだめです。

스미마셍가, 겡낀시까 다메데스

0925. 2인분을 함께 지불하겠
☐☐ 습니다.

ふたりぶんをいっしょに支払います。

후따리붕오 잇쇼니 시하라이마스

0926. 거스름돈은 받아두세
☐☐ 요.

お釣りは取っておいてください。

오쓰리와 돗떼 오이떼 구다사이

🗣 여행자수표를 현금으로 바꿀 때

0927. 어디에서 여행자수표를
☐☐ 현금으로 바꿀 수 있습
니까?

どこでトラベラーズチェックを現金に換えられますか。

도꼬데 토라베라―즈첵꾸오 겡낀니 가에라레마스까

0928. 제일 가까운 은행은 어
☐☐ 디에 있습니까?

いちばん近い銀行はどこですか。

이찌반 치까이 깅꼬―와 도꼬데스까

0929.	여행자수표를 현금으로 바꾸고 싶은데요.	トラベラーズチェックを現金にしたいんですが。 토라베라-즈첵꾸오 겡낀니 시따인데스가
0930.	얼마나 현금으로 바꾸고 싶습니까?	いくら現金にされますか。 이꾸라 겡낀니 사레마스까
0931.	여행자수표의 여기에 서명해 주십시오.	トラベラーズチェックのここにサインしてください。 토라베라-즈첵꾸노 고꼬니 사인시떼 구다사이
0932.	신분증을 가지고 계십니까?	身分証明書はお持ちですか。 미분쇼-메-쇼와 오모찌데스까
0933.	여권은요?	パスポートは？ 파스포-토와
0934.	신분증명서가 될 만한 것을 두 가지 가지고 계십니까?	身分証明書になるものを2つお持ちですか。 미분쇼-메-쇼니 나루 모노오 후타쯔 오모찌데스까
0935.	어떻게 해드릴까요?	どのようにいたしましょうか。 도노요-니 이따시마쇼-까
0936.	그러니까, 천 엔 4장, 5천 엔 1장, 만 엔 2장 부탁합니다.	ええっと、千円4枚、5千円1枚、1万円2枚お願いします。 에엣또, 셍엥 욤마이, 고셍엥 이찌마이, 이찌망엔 니마이 오네가 이시마스

🗨 신용카드로 지불할 때

0937. 전부 얼마입니까?
□ □

全部おいくらですか。

젬부 오이꾸라데스까

0938. 이것도 포함해서 만 2
□ □ 천 엔입니다

これも含めて、1万2千円です。

고레모 후꾸메떼, 이찌만 니셍엔데스

0939. 신용카드도 받습니까?
□ □

カードで支払えますか。

카-도데 시하라에마스까

0940. 신용카드로 지불하겠습
□ □ 니다.

カードで支払います。

카-도데 시하라이마스

0941. 이게 제 카드입니다.
□ □

これがわたしのカードです。

고레가 와따시노 카-도데스

0942. 여기에 사인해 주시겠
□ □ 습니까?

ここにサインしていただけますか。

고꼬니 사인시떼 이따다께마스까

0943. 이게 손님 보관용입니
□ □ 다.

これがお客さまの控えです。

고레가 오캬꾸사마노 히까에데스

🗣 계산서가 잘못 되어 있을 때

0944. 이 계산서에는 착오가 있는 것 같습니다.

この勘定書きには間違いがあると思います。

고노 칸죠－가끼니와 마찌가이가 아루또 오모이마스

0945. 이 계산서가 어딘가 잘못됐다고 생각합니다.

この勘定書きは何か間違っていると思います。

고노 칸죠－가끼와 나니까 마찌갓떼 이루또 오모이마스

0946. 미안하지만, 조사해 주시겠습니까?

すみませんが、調べていただけますか。

스미마셍가, 시라베떼 이따다께마스까

0947. 예, 물론이죠.

ええ、もちろん。

에－, 모찌롱

0948. 이 합계는 맞습니까?

この合計はあっていますか。

고노 고－께－와 앗떼 이마스까

0949. 한 번 더 이것을 합계해 주시겠습니까?

もう一度これを合計していただけますか。

모－ 이찌도 고레오 고－께－시떼 이따다께마스까

0950. 합계는 맞습니다.

合計は合っています。

고－께－와 앗떼 이마스

0951. 아무런 잘못이 없는 것 같은데요.

何も間違いはないようですが。

나니모 마찌가이와 나이 요－데스가

0952. 거스름돈이 틀린 것 같
☐ ☐ 습니다.

お釣りが違っていると思います。

오쓰리가 치갓떼 이루또 오모이마스

STEP 3 실전대화를 해보세요.

A : 천 엔을 잔돈으로 바꿔 주십시오.

센엔사쯔오 쿠즈시떼 구다사이

B : はい。

하이

A : 電話をかけるのに小銭がほしいのですが。

뎅와오 가께루노니 코제니가 호시-노데스가

B : はい。百円玉10枚です。

하이. 햐꾸엔다마 쥬-마이데스

A : ありがとうございます。

아리가또- 고자이마스

A : 千円札をくずしてください。

B : 예.

A : 전화를 거는 데 동전이 필요한데요.

B : 예. 백 엔 동전 10개입니다.

A : 감사합니다.

STEP 4 직접 쓰고 읽어보세요.

여행자수표로 지불할 수 있습니까?

➡

이발소·미용실

여행할 때는 현지에서 이발소나 미용실을 들를 일은 거의 없고, 일본에서 생활할 때는 이미용 비용이 비싸기 때문에 자주 가지 않게 됩니다. 그러나 가지 않을 수 없는 곳이기도 하죠. 이발소는 친근감을 담아 床屋(도코야상)이라고 부르는 경우도 많습니다. 미용실의 미용은 머리 손질만을 말하는 것이 아니라, 얼굴이나 겉모습을 아름답게 하는 일 전반을 가리키며 美容室(비요-시쯔), beauty salon, hair salon 등 여러 가지로 불리고 있습니다. 말이 잘 통하지 않을 때는 샵 안에 헤어 모델 사진이 있으므로 그것을 보고 머리 모양을 정해도 됩니다.

STEP 2 여러 번 듣고 소리내어 반복해서 읽어보세요.

💬 예약할 때

0953. 오늘 아침 파마 예약을
□□ 할 수 있습니까?

今朝パーマの予約をすることができます
か。

게사 파ー마노 요야꾸오 스루 고또가 데끼마스까

0954. 예약은 필요 없습니다.
□□

予約は必要ありません。

요야꾸와 히쯔요ー 아리마셍

0955. 오시기만 하면 됩니다.
□□

来ていただければけっこうです。

기떼 이따다께레바 겍꼬ー데스

0956. 이발을 해 주셨으면 하
□□ 는데요.

髪を切ってほしいんですが。

가미오 깃떼 호시인데스가

0957. 내일 오후 비어 있는 시
□□ 간은 있습니까?

あしたの午後、空いている時間はありま
すか。

아시따노 고고, 아이떼 이루 지깡와 아리마스까

0958. 몇 시가 좋겠습니까?
□□

何時がご都合がよろしいでしょうか。

난지가 고쓰고ー가 요로시ー데쇼ー까

0959. 여기서 이발한 적이 있
□□ 습니까?

ここで髪を切ったことがございますか。

고꼬데 가미오 깃따 고또가 고자이마스까

0960. 3시 15분이 비어 있습니다.

3時15分に空きがあります。

산지 쥬-고훈니 아끼가 아리마스

0961. 그 때면 좋겠습니까?

それでご都合はいかがでしょうか。

소레데 고쓰고-와 이까가데쇼-까

0962. 좀 더 일찍은 안 됩니까?

もっと早くなりませんか。

못또 하야꾸 나리마셍까

0963. 어느 분이 해 주십니까?

どちらの方がやっていただけますか。

도찌라노 가따가 얏떼 이따다께마스까

0964. 미안합니다만, 오늘 아침은 빈 시간이 없습니다.

すみませんが、けさは空き時間がありません。

스미마셍가, 게사와 아끼지깡가 아리마셍

🗨 미용실에서

0965. 어서 오십시오.

いらっしゃいませ。

이랏샤이마세

0966. 3시에 예약했습니다.

3時に予約があります。

산지니 요야꾸가 아리마스

0967. 누구와 예약을 했는지 알고 있습니까?

誰との予約でしょうか。

다레또노 요야꾸데쇼-까

0968. 오가와 씨입니다.
小川さんとです。
오가와산또데스

0969. 성함을 말씀해 주십시오.
お名前をどうぞ。
오나마에오 도-조

0970. 오가와 씨는 오늘 아침 조금 늦습니다.
小川さんはけさは少し遅れています。
오가와상와 게사와 스꼬시 오꾸레떼 이마스

0971. 여기에서 잠시 기다려 주십시오.
ここで、しばらくお待ちください。
고꼬데, 시바라꾸 오마찌 구다사이

0972. 무얼 좀 읽고 싶으시면 잡지가 있습니다.
もし何かお読みになるんでしたら、雑誌があります。
모시 나니까 오요미니나룬데시따라, 잣시가 아리마스

🗣 주문할 때

0973. 이발을 하고 싶은데요.
髪を切っていただきたいんですが。
가미오 깃떼 이따다끼따인데스가

0974. 같은 스타일로 조금 짧게 부탁합니다.
おなじスタイルで、すこし短めにお願いします。
오나지 스타이루데, 스꼬시 미지까메니 오네가이시마스

0975. 이번에는 머리 위에서 말아 주십시오.
今度は頭の上でカールするようにお願いします。
곤도와 아따마노 우에데 카-루스루요-니 오네가이시마스

0976. 어떻게 말아 드릴까요?

どのようなカールがお望^{のぞ}みですか。

도노 요-나 카-루가 오노조미데스까

0977. 느슨하게 말아 주십시오.

ゆるいカールをお願^{ねが}いします。

유루이 카-루오 오네가이시마스

0978. 끝부분만 말아 주십시오.

先^{さき}のみをカールしてください。

사끼노미오 카-루시떼 구다사이

0979. 약 1센티 짧게 잘라 주십시오.

約^{やく}1センチ短^{みじか}く切^きってください。

야꾸 이찌센치 미지카꾸 깃떼 구다사이

0980. 퍼머한 지 얼마나 되셨습니까?

パーマネントをかけてから、どれくらい経^たちますか。

파-마넨토오 가케떼까라, 도레 쿠라이 다찌마스까

0981. 아침에 머리를 감고 드라이로 말리고 나서 핫 롤러를 사용했습니다.

朝^{あさ}、髪^{かみ}を洗^{あら}って、ドライヤーで乾^{かわ}かし、ホットローラーを使^{つか}いました。

아사, 가미오 아랏떼, 도라이야-데 가와까시, 홋토로-라-오 쓰까이마시다

0982. 왼쪽으로 가르마 탑니다.

左^{ひだり}側^{がわ}で分^わけます。

히다리데 와께마스

0983. 파마 전, 후 언제 머리를 자를까요?

パーマの前^{まえ}か、後^{あと}のどちらに切^きりましょうか。

파-마노 마에까, 아또노 도찌라니 기리마쇼-까

0984. 아무 때나 상관없습니다.
☐ ☐

どちらでもけっこうです。

도찌라데모 겍꼬ー데스

0985. 좋으실 대로 해주세요.
☐ ☐

どちらでもあなたにおまかせします。

도찌라데모 아나따니 오마까세시마스

🗨 파마를 할 때

0986. 컬헤어를 원하시면 머
☐ ☐ 리 위쪽을 조밀하게 말
겠습니다.

カーリーヘアーをお望みであれば、頭の
上のほうを細いカールで巻きます。

카ー리ー헤야ー오 오노조미데아레바, 아따마노 우에노 호ー오 호
소이 카ー루데 마끼마스

0987. 아픕니까?
☐ ☐

痛いですか。

이따이데스까

0988. 네, 조금.
☐ ☐

はい、少しは。

하이, 스꼬시와

0989. 아, 아파요.
☐ ☐

痛い。痛いですよ。

이따이. 이따이데스요

0990. 네, 타월을 드리겠습니
☐ ☐ 다.

はい、タオルをお渡しします。

하이, 타오루오 오와따시시마스

0991. 그것이 피부에 닿지 않
☐ ☐ 도록 주의해 주십시오.

これが皮膚につかないように注意してく
ださい。

고레가 히후니 쓰까나이요ー니 쮸ー이시떼 구다사이

179

0992. 25분 걸릴 겁니다. 여
기에서 쉬고 계십시오.

これは25分かかります。ここで休んで
いてください。

고레와 니쥬-고훙 가까리마스. 고꼬데 야슨데 이떼 구다사이

0993. 물을 빨아들이도록 목
둘레에 타월을 얹겠습
니다.

水をすうように、首のまわりにタオルを
まいておきます。

미즈오 스우요-니, 구비노 마와리니 타오루오 마이떼 오끼마스

0994. 그것을 씻기까지 얼마
나 시간이 걸립니까?

それを洗うまで、どれくらいかかりますか。

소레오 아라우마데, 도레쿠라이 가까리마스까

🗨 이발소에서

0995. 자, 앉으십시오.

どうぞお座りください。

도-조 오스와리 구다사이

0996. 어떻게 깎아 드릴까요?

どのように髪を切りましょうか。

도노요-니 가미오 기리마쇼-까

0997. 약간 잘라 주세요.

少し切ってください。

스꼬시 깃떼 구다사이

0998. 양옆과 앞은 짧게 잘라
주세요.

両横と前は短めに切ってください。

료-요꼬또 마에와 미지까메니 깃떼 구다사이

0999. 1센티 정도 짧게 잘라 주세요.

1センチほど短く切ってください。

이찌센치호도 미지카꾸 깃떼 구다사이

1000. 샴푸할까요?

シャンプーしましょうか。

샴푸-시마쇼-까

1001. 어떻습니까?

これでいかがですか。。

고레데 이까가데스까

1002. 좋습니다.

けっこうです。

겍꼬-데스

1003. 양옆은 좀 짧게 잘라 주세요.

両横を少し短くしてください。

료-요꼬오 스꼬시 미지카꾸시떼 구다사이

1004. 잘 되었습니까?

これでよくなりましたか。

고레데 요꾸나리마시다까

1005. 네, 좋은 것 같은데요.

はい、いいと思います。

하이, 이-또 오모이마스

1006. 면도 해 드릴까요?

ひげもそりましょうか。

히게모 소리마쇼-까

1007. 헤어오일이나 헤어크림을 발라 드릴까요?

ヘアオイルかヘアクリームをつけましょうか。

헤아오이루까 헤아쿠리-무오 쓰께마쇼-까

181

A : こんにちは。いらっしゃいませ。
곤니찌와. 이랏샤이마세

B : ええ、1時に予約しているのですが。
에ー, 이찌지니 요야꾸시떼 이루노데스가

A : **누구와 예약했는지 알고 있습니까?**
다레또노 요야꾸데쇼ー까

B : ミチコとです。
미치코또데스

A : 안녕하십니까? 어서 오십시오.

B : 예, 1시로 예약을 했는데요.

A : 誰との予約でしょうか。

B : 미치코입니다.

이발을 하고 싶은데요.

➡

Part

7

방문

ていただいて、こちらこそ楽しかったです。
ちらへはどうやって行くのですか。またあ
来てもらえますか。ここの自慢料理は何で
か。地元の人がよく行くレストランはありま

どこですか。何に興味をお持ちですか。ツ
ーは何時間かかりますか。料金はいくらで
か。入場は有料ですか。たくさん取ってくだ
いね。無料のパンフレットはありますか。こ

えてください。これはどういう料理ですか。
ぐできますか。静かな奥の席にお願いしま

사교활동

STEP 1 이것만은 꼭 알아두세요.

짧은 여행 중에는 현지인과 직접 만나 사귀는 경우는 드물지만, 현지에서 생활을 하게 되면 이러저러한 인연으로 많은 사람들을 만나게 됩니다. 현지인과 직접 부딪혀야 일본어 실력도 늘어날 뿐만 아니라 현지 생활의 적응도 빨리 할 수 있습니다. 가능하면 많은 사람들과 사귀면서 좋은 친구를 만들어보도록 합시다.
스포츠 등 서로가 좋아하는 취미 활동에 관한 화제는 상대와의 공통점을 발견할 수 있는 좋은 기회로 쉽게 친해질 수 있는 계기가 되기도 합니다.

STEP 2 여러 번 듣고 소리내어 반복해서 읽어보세요.

💬 계획을 세울 때

1008. 테니스를 하십니까?
☐ ☐

テニスはされますか。

테니스와 사레마스까

1009. 수영을 좋아하십니까?
☐ ☐

泳ぐのは好きですか。

오요구노와 스끼데스까

1010. 골프는 어떻습니까?
☐ ☐

ゴルフの調子はどうですか。

고루후노 쵸ー시와 도ー데스까

1011. 제 친구들이 토요일 오
☐ ☐ 후 테니스를 할 겁니다.

わたしの友人たちが土曜日の午後テニスをします。

와따시노 유ー진타찌가 도요ー비노 고고 테니스오 시마스

1012. 만약 괜찮으시면 함께
☐ ☐ 어떻습니까?

もしよろしければ、いっしょにいかがですか。

모시 요로시께레바, 잇쇼니 이까가데스까

1013. 금요일 밤에 심포니에
☐ ☐ 갑니다.

金曜日の夜にシンフォニーに行きます。

킹요ー비노 요루니 싱훠니ー니 이끼마스

1014. 함께 어떻습니까?
☐ ☐

いっしょにいかがですか。

잇쇼니 이까가데스까

1015. 「스타워즈」 영화를 보셨습니까?

☐☐

「スターウォズ」の映画をご覧になりましたか。

「스타-워즈」노 에-가오 고란니나리마시다까

1016. 어디서 만날까요?

☐☐

どこでお会いしましょうか。

도꼬데 오아이시마쇼-까

1017. 그것은 어디에 있습니까?

☐☐

それはどこにありますか。

소레와 도꼬니 아리마스까

1018. 11시 30분에 차로 데리러 가겠습니다.

☐☐

11時30分に車で迎えにいきます。

쥬-이찌지 산쥼뿐니 구루마데 무까에니 이끼마스

1019. 그거 재미있을 것 같군요.

☐☐

それは楽しそうですね。

소레와 다노시소-데스네

1020. 네, 꼭 가고 싶습니다.

☐☐

ええ、ぜひ行きたいです。

에-, 제히 이끼따이데스

💬 예약을 할 때

1021. 금요일 밤 7시에 테니스 코트를 예약할 수 있습니까?

☐☐

金曜日の夜7時にテニスコートを予約できますか。

킹요-비노 요루 시찌지니 테니즈코-토오 요야꾸 데끼마스까

1022. 회원입니까?

☐☐

会員ですか。

카이인데스까

186

1023. 코트를 1시간 예약하고 싶은데요.

コートを1時間予約したいんですが。

코-토오 이찌지깡 요야꾸시따인데스가

1024. 주니치는 이번 주 홈에서 시합을 합니까?

チュウニチは今週ホームスタジアムで試合をしますか。

츄-니치와 곤슈- 호-무스타지아무데 시아이오 시마스까

1025. 예, 목요일과 금요일 밤 홈에서 시합을 합니다.

はい、木曜日と金曜日の夜、ホームスタジアムで試合をします。

하이, 모꾸요-비또 깅요-비노 요루, 호-무스타지아무데 시아이오 시마스

1026. 표는 있습니까?

切符はありますか。

깁뿌와 아리마스까

1027. 금요일 야간 경기의 표를 5장 부탁합니다.

金曜日の夜の試合の切符を5枚お願いします。

킹요-비노 요루노 시아이노 깁뿌오 고마이 오네가이시마스

🗨 집으로 초대 받았을 때

1028. 초대해 주셔서 감사합니다.

招待していただいて、ありがとうございます。

쇼-따이시떼 이따다이떼, 아리가또- 고자이마스

1029. 다무라 씨, 이분이 김선실 씨입니다.

田村さん、こちらが金仙一さんです。

다무라상, 고찌라가 김선일산데스

1030. 그녀는 내 클래스메이트입니다.

彼女はわたしのクラスメートです。

かのじょ

가노죠와 와따시노 쿠라스메-토데스

1031. 좋은 집이군요.

いい家ですね。

いえ

이- 이에데스네

1032. 마실 걸 드릴까요?

お飲物はいかがですか。

のみもの

오노미모노와 이까가데스까

🗨 스포츠를 관전할 때

1033. 어디에 앉습니까?

どこに座りますか。

すわ

도꼬니 스와리마스까

1034. 마실 것이나 먹을 것은 어떻습니까?

飲み物か食べ物はいかがですか。

の もの た もの

노미모노까 다베모노와 이까가데스까

1035. 야구는 잘 모릅니다.

野球はよくわかりません。

や きゅう

야뀨-와 요꾸 와카리마셍

1036. 그것에 대해서 좀 설명해 주시겠습니까?

それについて少し説明していただけますか。

すこ せつめい

소레니 쓰이떼 스꼬시 세쯔메-시떼 이따다께마스까

1037. 바스켓에 공을 넣으면
몇 점이 됩니까?

バスケットにボールを入れると何点になりますか。

바스켓토니 보-루오 이레루또 난뗀니 나리마스까

1038. 보통 2점입니다.

ふつうは2点です。

후쓰-와 니뗀데스

1039. 어떻게 하면 득점으로
됩니까?

どうすれば得点になりますか。

도-스레바 도꾸뗀니 나리마스까

🗨 권유를 거절할 때

1040. 몸이 좋지 않습니다.

気分が悪いんです。

기붕가 와루인데스

1041. 상사가 긴급회의를 소
집했습니다.

上司が緊急の会合を招集しました。

죠-시가 깅뀨-노 카이고-오 쇼-슈-시마시다

1042. 그거 유감이군요.

それは残念ですね。

소레와 잔넨데스네

1043. 즐겁게 지내세요.

楽しんでください。

다노신데 구다사이

1044. 아마 다음에는 함께 갈 □□ 수 있을 거예요.

たぶん、この次^{つぎ}はいっしょに行^いける でしょう。

다붕, 고노 쓰기와 잇쇼니 이께루데쇼-

A : 李^イさん、どうぞお入^{はい}りください。来^きてくださってうれし いですわ。

이산, 도-조 오하이리 구다사이. 기떼 구다삿떼 우레시-데스와

B : <u>초대해 주셔서 감사합니다.</u>

쇼-따이시떼 이따다이떼, 아리가또- 고자이마스

A : ええ、夫^{おっと}の山田^{やまだ}にお会^あいになったことはありますか。

에-, 옷또노 야마다니 오아이니 낫따 고또와 아리마스까

B : ご主人^{しゅじん}にはおめにかかったことはないと思^{おも}います。

고슈진니와 오메니 가캇따 고또와 나이또 오모이마스

A : 이 선생님, 어서 오세요. 와주셔서 기뻐요.

B : 招待^{しょうたい}していただいて、ありがとうございます。

A : 예. 남편 야마다를 만난 적이 있습니까?

B : 남편은 뵌 적이 없는 것 같습니다.

아마 다음에는 함께 갈 수 있을 거예요.

➡

현지 가정방문

STEP 1 이것만은 꼭 알아두세요.

머리에 쏙쏙!

방문 목적으로 여행을 떠나가나 현지에서 생활할 때는 집으로 초대를 받는 경우가 있습니다. 물론 일본사람들은 웬만큼 친하지 않으면 집으로 초대하는 일은 그다지 많지 않습니다. 우리도 그렇지만 보통 밖에서 만나 식사를 하게 됩니다.

만약 현지 가정을 방문할 때는 ごめんください(고멩구다사이/실례합니다)라고 집안에 있는 사람을 부른 다음 주인이 나올 때까지 대문이나 현관에서 기다립니다. 주인이 どちらさまですか(도찌라사마데스까/누구십니까?)라고 하면 자신을 소개하고, 가볍게 인사를 나눈 뒤 주인의 안내를 받으며 집안으로 들어갑니다.

何を飲まれますか。

🗨 초대를 수락할 때

1045. 이번 금요일 저녁식사
☐☐ 에 와 주시겠습니까?

今度の金曜日に夕食に来ていただけま
せんか。

곤도노 깅요-비니 유-쇼꾸니 기떼 이따다께마셍까

1046. 네, 기꺼이.
☐☐

ええ、喜んで。

에-, 요로꼰데

1047. 네, 재미있을 것 같군
☐☐ 요.

ええ、楽しそうですね。

에-, 다노시소-데스네

1048. 어디에 살고 계십니까?
☐☐

どこにお住まいですか。

도꼬니 오스마이데스까

1049. 6시경부터 시작하겠습
☐☐ 니다.

6時ごろから始めます。

로꾸지 고로까라 하지메마스

1050. 기대하겠습니다.
☐☐

楽しみにしています。

다노시미니 시떼 이마스

1051. 내일 점심식사를 함께
☐☐ 하지 않겠습니까?

あした、昼食をいっしょにしませんか。

아시따, 츄-쇼꾸오 잇쇼니 시마셍까

1052. 좋은 생각입니다.
☐☐

それはいい考えですね。

소레와 이- 캉가에데스네

1053. 감사합니다. 꼭 그렇게
하고 싶습니다.

ありがとう、ぜひそうしたいです。

아리가또-, 제히 소- 시따이데스

🗨 초대를 거절할 때

1054. 일이 있습니다.

仕事があります。

시고또가 아리마스

1055. 아, 그거 유감이군요.

ああ、それは残念ですね。

아-, 소레와 잔넨데스네

1056. 남편이 당신을 만나고
싶어 합니다.

夫があなたに会いたがっています。

옷또가 아나따니 아이따갓떼 이마스

1057. 토요일로 해 주실 수 있
습니까?

土曜日にしていただけますか。

도요-비니 시떼 이따다께마스까

1058. 가고 싶지만, 모임이 있
어서요.

行きたいのですが、会合がありますので。

이끼따이노데스가, 카이고-가 아리마스노데

1059. 주말에는 여기에 없어
서요.

週末はここにおりませんので。

슈-마쯔와 고꼬니 오리마센노데

1060. 금요일에는 다른 예정
이 있습니다.

金曜日にはほかの予定が入っています。

깅요-비니와 호까노 요떼-가 하잇떼 이마스

193

1061. 다음 기회에 부탁합니
□□ 다.

またの機会^{きかい}にお願^{ねが}いします。

마따노 기까이니 오네가이시마스

🗨 현관에서

1062. 만나게 되어 반갑습니
□□ 다.

お会^あいできてうれしいです。

오아이데끼떼 우레시-데스

1063. 저녁식사에 초대해 주
□□ 셔서 감사합니다.

夕食^{ゆうしょく}にお招^{まね}きいただきましてありがとう
ございます。

유-쇼꾸니 오마네끼 이따다끼마시떼 아리가또- 고자이마스

1064. 늦어서 미안합니다.
□□

遅^{おそ}くなってすみません。

오소꾸 낫떼 스미마셍

1065. 길을 잘못 들었습니다.
□□

道^{みち}を間違^{まちが}えました。

미찌오 마찌가에마시다

1066. 이쪽으로 오시죠.
□□

こちらへどうぞ。

고찌라에 도-조

1067. 벌써 손님이 좀 와 계십
□□ 니다.

もう何人^{なんにん}かお客^{きゃく}さんが来^きています。

모- 난닝까 오캬꾸상가 기떼 이마스

1068. 야마다 부부는 벌써 와
□□ 계십니다.

山田夫妻^{やまだふさい}はもうお見^みえになっています。

야마다 후사이와 모- 오미에니 낫떼 이마스

1069. 약소한 선물입니다.

つまらないものですが、どうぞ。

쓰마라나이 모노데스가, 도-조

🗨 거실에서

1070. 무얼 마시겠습니까?

何を飲まれますか。

나니오 노마레마스까

1071. 칵테일은 어떠십니까?

カクテルはいかがですか。

카쿠테루와 이까가데스까

1072. 어떤 음료가 있습니까?

どのような飲物がありますか。

도노 요-나 노미모노가 아리마스까

1073. 녹차를 부탁합니다.

緑茶をお願いします。

료꾸챠오 오네가이시마스

1074. 알겠습니다.

わかりました。

와까리마시다

1075. 좋아하신다면 비스킷이 있습니다.

もしお好きでしたら、ビスケットがあります。

모시 오스끼데시타라, 비스켓토가 아리마스

1076. 맥주 1병 더 어떻습니까?

もう1本ビールをいかがですか。

모- 입뽐 비-루오 이까가데스까

1077. 기무라 박사를 뵌 적이 있으십니까?

木村博士にお会いになったことはございますか。

기무라 하까세니 오아이니 낫따 고또와 고자이마스까

1078. 한국의 서울 출신입니다.

韓国のソウルの出身です。

캉코꾸노 서우루노 슛신데스

🗨 식탁에서

1079. 저녁식사 준비가 되었습니다.

食事の用意ができました。

쇼꾸지노 요-이가 데끼마시다

1080. 식당으로 가시지요.

食堂へどうぞ。

쇼꾸도-에 도-조

1081. 여기에 앉으세요.

ここにお座りください。

고꼬니 오스와리 구다사이

1082. 그 샐러드를 좀 덜고 돌려주세요.

このサラダを取ってまわしてください。

고노 사라다오 돗떼 마와시떼 구다사이

1083. 마음껏 드십시오. 그러고 나서 이 접시들을 돌려주세요.

ご自由にお取りください。それからこれらの皿をまわしてください。

고지유-니 오토리 구다사이. 소레까라 고레라노 사라오 마와시떼 구다사이

1084. 이 작은 접시는 빵용입니까?

この小さい皿はパン用ですか。

고노 치-사이 사라와 팡요-데스까

196

1085. 야채접시를 돌려주시겠
습니까?

野菜の皿をまわしていただけますか。

야사이노 사라오 마와시떼 이따다께마스까

1086. 물을 좀 더 주실 수 있
습니까?

もう少し水をいただけますか。

모- 스꼬시 미즈오 이따다께마스까

🗨 식사 후에

1087. 훌륭한 저녁식사였습니
다.

すばらしい夕食でした。

스바라시- 유-쇼꾸데시다

1088. 매우 맛있는 식사였습
니다.

たいへんけっこうな食事でした。

다이헹 겍꼬-나 쇼꾸지데시다

1089. 디저트는 거실에서 먹
을까요?

デザートは居間で食べましょうか。

데자-토와 이마데 다베마쇼-까

1090. 디저트는 무얼 드시겠
습니까?

デザートは何を召しあがりますか。

데자-토와 나니오 메시아가리마스까

1091. 파이와 케이크 중에 어
느 것이 좋겠습니까?

パイかケーキのどちらがよろしい
ですか。

파이까 케-키노 도찌라가 요로시-데스까

1092. 어떤 케이크가 있습니
까?

どのようなケーキがございますか。

도노요-나 케-키가 고자이마스까

1093. 초콜릿 케이크와 언젤 □ □ 케이크가 있습니다.	チョコレートケーキとエンジェルケーキ がございます。
	쵸코레-토케-키또 엔제루케-키가 고자이마스

1094. 초콜릿 케이크를 부탁 □ □ 합니다.	チョコレートケーキをお願^{ねが}いします。
	쵸코레-토케-키오 오네가이시마스

1095. 아이스크림도 함께 드 □ □ 시겠습니까?	アイスクリームもいっしょに召^めしあがり ますか。
	아이스쿠리-무모 잇쇼니 메시아가리마스까

1096. 담배를 피워도 됩니까? □ □	タバコを吸^すってもかまいませんか。
	다바코오 슷떼모 가마이마셍까

1097. 미안합니다만, 삼가 주 □ □ 시겠습니까?	すみませんが、ご遠慮^{えんりょねが}願いますか。
	스미마셍가, 고엔료 네가이마스까

💬 귀가할 때

1098. 호텔로 돌아가야 합니 □ □ 다.	私^{わたし}はホテルに戻^{もど}らなければなりません。
	와따시와 호테루니 모도라나께레바 나리마셍

1099. 매우 즐거웠습니다. □ □	とても楽^{たの}しかったです。
	도떼모 다노시깟따데스

1100. 저녁식사에 초대해 주 □ □ 셔서 감사했습니다.	夕食^{ゆうしょく}にお招^{まね}きいただきまして、ありがと うございました。
	유-쇼꾸니 오마네끼 이따다끼마시떼, 아리가또- 고자이마시따

1101.
☐☐ 멋진 저녁식사였습니다.

すばらしい夕食でした。
ゆうしょく

스바라시− 유−쇼꾸데시다

STEP 3 실전대화를 해보세요.

A : 金曜日に夕食におこしくださいますか。
きんようび　ゆうしょく

킹요−비니 유−쇼꾸니 오꼬시 구다사이마셍까

B : 招待していただいてありがとうございます。 しかし、
しょうたい
仕事がありますので。
しごと

쇼−따이시떼 이따다이떼 아리가또− 고자이마스. 시까시 시고또가 아리마스노데

A : ああ、그거 유감이군요. 妻があなたに会いたがっていますので。
つま　　　　　あ

아−, 소레와 잔넨데스네. 쓰마가 아나따니 아이따갓떼 이마스노데

B : 土曜日にしていただけますか。
どようび

도요−비니 시떼 이따다께마스까

A : ええ、かまいませんよ。

에−, 가마이마셍요

A : 금요일 저녁식사에 와 주시겠습니까?

B : 초대해 주셔서 감사합니다. 그러나 할 일이 있어서요.

A : 아, 그것은 残念ですね。 아내가 당신을 만나고 싶어 해서요.
ざんねん

B : 토요일에 할 수 있습니까?

A : 예, 괜찮아요.

STEP 4 직접 쓰고 읽어보세요.

저녁식사에 초대해 주셔서 감사합니다.

➡

비즈니스

STEP 1 이것만은 꼭 알아두세요.

일본 회사와의 업무가 있는 비즈니스맨은 일본으로 출장을 가서 상대 회사를 방문하거나 국내에서 일본인 바이어를 맞이하는 경우도 있습니다. 이처럼 자사를 방문하는 바이어를 맞이하거나 거래처를 방문해야 하는 일은 비즈니스맨에게 하루 일과의 중요한 부분이기도 합니다. 만약 다른 회사를 방문할 때는 안내 데스크에서 먼저 자신의 소속과 신분을 밝히고 미리 약속한 상대가 있는지를 확인하고 방문 목적을 말해주어야 합니다.

여기서는 출장을 가서 일본 현지 회사를 방문할 때 필요한 표현들을 수록하였습니다.

STEP 2 여러 번 듣고 소리내어 반복해서 읽어보세요.

💬 약속할 때

1102. 야마다 씨와 약속을 하 고 싶은데요.

山田さんとお目にかかる約束をしたいんですが。

야마다산또 오메니카까루 약소꾸오 시따인데스가

1103. 5일에 기무라 씨와 약속을 할 수 있습니까?

五日に木村さんに会う約束ができますか。

이쓰까니 기무라산니 아우 약소꾸가 데끼마스까

1104. 10시는 어떻습니까?

10時でいかがですか。

쥬ー지데 이까가데스까

1105. 네, 좋습니다.

はい、けっこうです。

하이, 겍꼬ー데스

1106. 그 대신 오후에 약속을 할 수 있습니까?

かわりに午後に約束はできますか。

가와리니 고고니 약소꾸와 데끼마스까

1107. 미안합니다만, 야마다 씨는 5일에는 안 계십니다.

すみませんが、山田さんは五日には留守です。

스미마셍가, 야마다상와 이쓰까니와 루스데스

1108. 야마다 씨의 사무실이 어딘지 알고 계십니까?

山田さんのオフィスはどちらかご存じですか。

야마다산노 오휘스와 도찌라까 고존지데스까

1109. 아뇨, 어떻게 가면 되는
지 가르쳐 주시겠습니
까?

いいえ、どのように行けばよいか教えて
いただけますか。

이-에, 도노요-니 이께바 요이까 오시에떼 이따다께마스까

1110. 이것은 무엇에 관한 것
입니까?

これは何に関することですか。

고레와 나니니 간스루 고또데스까

1111. 야마다 씨와 우리 회사
의 신제품에 대해서 이
야기하고 싶은데요.

山田さんとわたしの会社の新製品につ
いて話したいんですが。

야마다산또 와따시노 카이샤노 신세-힌니 쓰이떼 하나시따인데
스가

1112. 유감스럽지만 야마다
씨는 그 날은 스케줄이
차 있습니다.

残念ながら山田はその日はスケジュール
がつまっています。

잔넨나가라 야마다와 소노 히와 스케쥬-루가 쓰맛떼 이마스

1113. 어떻게든 제 약속 좀 끼
워 넣어 주시지 않겠습
니까?

そこを何とか時間をつくっていただけま
せんか。

소꼬오 난또까 지깡오 쓰꿋떼 이따다께마셍까

🗨 방문할 때

1114. 내 이름은 김동수이고
기무라 씨와 3시 15분
에 만날 약속을 했습니
다.

わたしの名前は金東洙で、木村さんと3
時15分に会う約束をしてあります。

와따시노 나마에와 김동수데, 기무라산또 산지 쥬-고훈니 아우
약소꾸오 시떼 아리마스

1115. 기무라 씨와 9시에 만
날 약속이 있습니다.

木村さんと9時に会う約束があります。

기무라산또 쿠지니 아우 약소꾸가 아리마스

1116. 잠깐만 기다려 주십시오. 그가 있는지 없니 보고 오겠습니다.

しばらくお待ちください。彼がいるかどうか見て来ます。

시바라꾸 오마찌 구다사이. 카레가 이루까 도-까 미떼 기마스

1117. 기무라 씨는 몇 분 뒤에 옵니다.

木村さんは数分で来ます。

기무라상와 스-훈데 기마스

1118. 오가와 씨는 아직 회의 중입니다.

小川さんはまだ会議中です。

오가와상와 마다 카이기쮸-데스

1119. 앉으시겠습니까?

お座りになりますか。

오스와리니 나리마스까

1120. 얼마나 기다려야 오가와 씨를 만날 수 있습니까?

どれくらいで小川さんに会えますか。

도레쿠라이데 오가와산니 아에마스까

1121. 약속을 다시 하는 것이 좋을 것 같군요.

約束をしなおしたほうがよさそうですね。

약소꾸오 시나오시따 호-가 이-데스네

1122. 매우 죄송합니다만, 오가와 씨는 급한 용무로 불려갔습니다.

たいへん申しわけございませんが、小川さんは急用で呼び出されました。

다이헹 모-시와께 고자이마셍가, 오가와상와 큐-요-데 요비다사레마시다

1123. 내일 다시 약속을 해 드릴까요?

あした再度約束をするということでよろしいでしょうか。

아시따 사이도 약소꾸오 스루 도이우 고또데 요로시-데쇼-까

🗨 초면인 사람과 만났을 때

1124. 기무라 씨, 이분은 김 선생님입니다.
□□

木村さん、こちらが金さんです。

기무라상, 고찌라가 김산데스

1125. 내 명함입니다.
□□

わたしの名刺です。

와따시노 메-시데스

1126. 무얼 도와 드릴까요?
□□

何かできることがありますか。

나니까 데끼루 고또가 아리마스까

1127. 삼성상사의 판매 책임 자입니다.
□□

三星商事の販売責任者です。

삼성쇼-지노 함바이세끼닌샤데스

1128. 우리 신제품을 소개하 려고 합니다.
□□

わたしどもの新製品をご紹介したいと思 います。

와따시도모노 신세-힝오 고쇼-까이시따이또 오모이마스

1129. 저는 본사에서 왔습니 다.
□□

わたしは本社からまいりました。

와따시와 혼샤까라 마이리마시다

1130. 본사에서 일본지사의 경영자들과 만나도록 의뢰가 있었습니다.
□□

本社から日本の支社のマネージャーに 会うように依頼がありました。

혼샤까라 니혼노 시샤노 마네-쟈-니 아우요-니 이라이가 아리 마시다

1131. 언제 일본에 도착하셨
습니까?

いつ日本に到着されましたか。
<ruby>日本<rt>にほん</rt></ruby> <ruby>到着<rt>とうちゃく</rt></ruby>

이쯔 니혼니 도-쨔꾸사레마시다까

1132. 여행은 어땠습니까?

旅はいかがでしたか。
<ruby>旅<rt>たび</rt></ruby>

다비와 이까가데시다까

1133. 매우 순조로웠습니다.

とても快適でした。
<ruby>快適<rt>かいてき</rt></ruby>

도떼모 카이떼끼데시다

🗨 영업활동

1134. 당사 제품의 카탈로그
를 가지고 왔습니다.

当社の製品のカタログを持ってまいりました。
<ruby>当社<rt>とうしゃ</rt></ruby> <ruby>製品<rt>せいひん</rt></ruby> <ruby>持<rt>も</rt></ruby>

토-샤노 세-힌노 카타로구오 못떼 마이리마시다

1135. 당신의 회사는 새로운
컴퓨터 시스템을 찾고
있다고 하더군요.

あなたの会社はあたらしいコンピューターのシステムを探しておられるそうですね。
<ruby>会社<rt>かいしゃ</rt></ruby> <ruby>探<rt>さが</rt></ruby>

아나따노 카이샤와 아따라시- 콤퓨-타-노 시스테무오 사가시떼 오라레루 소-데스네

1136. 현재 사용하시는 회사
의 제품보다 당사의 것
이 싸다는 것을 아시겠
지요.

現在ご使用の会社の製品より、当社の製品のほうが安いことが、おわかりいただけるでしょう。
<ruby>現在<rt>げんざい</rt></ruby> <ruby>使用<rt>しよう</rt></ruby> <ruby>会社<rt>かいしゃ</rt></ruby> <ruby>製品<rt>せいひん</rt></ruby> <ruby>当社<rt>とうしゃ</rt></ruby> <ruby>製品<rt>せいひん</rt></ruby> <ruby>安<rt>やす</rt></ruby>

겐자이 고시요-노 카이샤노 세-힝요리, 토-샤노 세-힌노 호-가 야스이 고또가, 오와카리 이따다께루데쇼-

1137. 제품의 품질은 현재 사용하는 것과 같습니다.

製品の品質は現在ご使用のものと同じです。

세-힌노 힌시쯔와 겐자이 고시요-노 모노또 오나지데스

1138. 카탈로그를 주셔서 감사합니다.

カタログをいただきましてありがとうございます。

카타로구오 이따다끼마시떼 아리가또- 고자이마스

1139. 좀 더 조사해 보고 나서 다시 연락하겠습니다.

もう少し調べたいことがありますので、それから連絡します。

모- 스꼬시 시라베따이 고또가 아리마스노데, 소레까라 렌라꾸시마스

🗨 업무회의

1140. 좋습니다. 회의를 시작합시다.

はい、会議を始めましょう。

하이, 카이기오 하지메마쇼-

1141. 먼저 토의해야 할 것은 노동조합의 새로운 요구입니다.

最初にお話ししなければならないことは、労働組合の新しい要求です。

사이쇼니 오하나시 시나께레바 나라나이 고또와, 로-도-구미아이노 아따라시- 요-뀨-데스

1142. 모두 알고 계시듯이 최근 종업원이 지각을 하고 있다는 문제가 있습니다.

みなさんがご存じのように、最近従業員が遅刻をしているという問題があります。

미나상가 고존지노요-니, 사이낀 쥬-교-잉가 치코꾸오 시떼 이루 또이우 몬다이가 아리마스

1143. 누구 무슨 제안은 없습니까?

誰か何か提案はありませんか。
だれ　なに　ていあん

다레까 나니까 테－앙와 아리마셍까

1144. 당신이 옳을지도 모르겠습니다.

あなたは正しいかもしれません。
ただ

아나따와 타다시－ 까모 시레마셍

1145. 그 가능성을 검토해 보아야 합니다.

その可能性を検討してみるべきです。
か　のうせい　けんとう

소노 가노－세－오 겐또－시떼 미루베끼데스

1146. 다른 발언은?

他に発言は。
ほか　はつげん

호까니 하쯔겡와

1147. 누군가 다른 제안이 있습니까?

誰か他の提案はありますか。
だれ　ほか　ていあん

다레까 호까노 테－앙와 아리마스까

1148. 그거 좋은 생각입니다.

それはいい考えです。
かんが

소레와 이－ 캉가에데스

1149. 박 선생님, 당신은 아무 말씀도 하지 않으셨는데요.

朴さん、何もおっしゃっていませんが。
バック　なに

박상, 나니모 옷샷떼 이마셍가

1150. 부연할 것이 있습니까?

何かつけたすことはありますか。
なに

나니까 쓰케타스 고또와 아리마스까

1151. 좋습니다. 다음 화제로 갑시다.

けっこうです。次の話題に行きましょう。
つぎ　わだい　い

젝꼬－데스. 쓰기노 와다이니 이끼마쇼－

A : 小川さん、こちらが金さんです。
오가와상, 고찌라가 김산데스

B : 金さん、<u>お目にかかれて光栄です。</u>
김산, 오메니 가까레떼 코ー에ー데스

C : こちらこそ。これがわたしの名刺です。
고찌라꼬소. 고레가 와따시노 메ー시데스

B : ありがとうございます。どのようなご用件で。
아리가또ー 고자이마스. 도노요ー나 고요ー껜데

C : 三星 商 事の販売責任者で、わたしどもの新製品を
삼성쇼ー지노 함바이세끼닌샤데, 와따시도모노 신세ー힝오
ご紹介をしたいと思います。
고쇼ー까이오 시따이또 오모이마스

A : 오가와 씨, 이쪽은 김 선생님입니다.

B : 김 선생님. お目にかかれて光栄です。

C : 저야말로 영광입니다. 제 명함입니다.

B : 감사합니다. 무슨 용건으로 오셨습니까?

C : 삼성상사의 판매 책임자로서 저희 회사의 신제품을 소개하려고 합니다.

내일 다시 약속을 해 드릴까요?

➡

유학

 머리에 쏙쏙!

STEP 1 이것만은 꼭 알아두세요.

대부분 일본으로 유학을 떠나는 사람은 이미 일본어 정도는 어느 정도 마쳤기 때문에 현지에 가서 처음 접하게 될 표현들을 익히도록 하였습니다. 일본도 우리와 마찬가지로 6334 학제로. 초등학교는 小学校(쇼-각꼬-/초등학교), 中学校(츄-각꼬-/중학교), 高校(코-꼬-/고교), 大学(다이각꾸-/대학)이 있으며, 그밖에 유치원(幼稚園/요-치엥), 대학원(大学院/다이까꾸잉)이 있습니다. 상대가 대학생처럼 보일 때는 学生さんですか(각-세산데스까/학생입니까?), 전공을 물을 때는 専攻は何ですか(셍꼬-와 난데스까/전공이 무엇입니까?)라고 합니다.

しばらくお話で きますか。

STEP 2 여러 번 듣고 소리내어 반복해서 읽어보세요.

🗨️ 기숙사에 들어갈 때

1152. 오늘 기숙사에 들어가 기로 되어 있는데요.

きょう寮に入ることになっていますが。

교― 료―니 하이루 고또니 낫떼 이마스가

1153. 그런 이름을 가진 분은 여기에 안 보이는데요.

そのような名前の方はここには見あたり ません。

소노 요―나 나마에노 카따와 고꼬니와 미아따리마셍

1154. 확실합니까? 혹시 김동 수라는 이름으로 기재 되어 있을지도 모릅니 다.

確かですか。もしかしたら、金東秀とい う名前で載っているかもしれません。

타시까데스까. 모시까시따라, 김동수도이우 나마에데 놋떼 이루 까모 시레마셍

1155. 이것이 당신 방의 열쇠 와 우편함 열쇠입니다.

これがあなたの部屋の鍵とメイルボック スの鍵です。

고레가 아나따노 헤야노 카기또 메이루복쿠스노 카기데스

1156. 이것이 임시 신분증명 서입니다.

これが臨時の身分証明書です。

고레가 린지노 미분쇼―메―쇼데스

1157. 식사시간은 언제입니 까?

食事の時間はいつですか。

쇼꾸지노 지깡와 이쯔데스까

1158. 우편함 옆에 시간이 게 시되어 있습니다.

メイルボックスのそばに時間が掲示して あります。

메이루복쿠스노 소바니 지깡가 케―지시떼 아리마스

210

1159. 당신의 우편물은 저 우편함에 배달됩니다.

あなたの郵便物はあそこのメイルボックスに配達されます。

아나따노 유ー빔부쯔와 아소꼬노 메이루복쿠스니 하이타쯔사레마스

1160. 우편함의 번호는 116입니다.

メイルボックスの番号は116です。

메이루복쿠스노 방고ー와 햐꾸쥬ー로꾸데스

1161. 우편물은 언제 옵니까?

郵便物はいつ来ますか。

유ー빔부쯔와 이쯔 기마스까

1162. 세탁실은 어디입니까?

洗濯室はどこですか。

센타꾸시쯔와 도꼬데스까

1163. 세탁비누는 어디에서 받습니까?

洗濯石けんはどこで手に入りますか。

센타꾸섹껭와 도꼬데 데니 하이리마스까

1164. 현관문은 매일 밤 11시에 잠기므로 그 후에 들어오려면, 현관문 옆의 전화로 0을 돌려주십시오.

ドアは毎晩11時に閉まりますので、それ以後に入りたければ、ドアのよこの電話でゼロをまわしてください。

도아와 마이반 쥬ー이찌지니 시마리마스노데, 소레 이고니 하이리타께레바, 도아노 요꼬노 뎅와데 제로오 마와시떼 구다사이

🗣 유학생과 지도교수와의 상담

1165. 유학생 지도교수와 상담하라고 해서 왔습니다.

外国人学生のアドバイザーに会うように言われました。

가이코꾸징 각세ー노 아도바이자ー니 아우요ー니 이와레마시다

1166. 외국인 학생을 위한 오리엔테이션은 있습니까?	外国人学生のためのオリエンテーションはありますか。	

1166. 외국인 학생을 위한 오리엔테이션은 있습니까?

外国人学生のためのオリエンテーションはありますか。

가이코꾸징 각세-노 다메노 오리엔테-숑와 아리마스까

1167. 외국인 학생을 위한 오리엔테이션은 언제입니까?

外国人学生のためのオリエンテーションはいつですか。

가이코꾸징 각세-노 다메노 오리엔테-숑와 이쯔데스까

1168. 외국인 학생을 위한 서비스를 설명하는 팸플릿은 있습니까?

外国人学生のためのサービスを説明するパンフレットはありますか。

가이코꾸징 각세-노 다메노 사-비스오 세쯔메-스루 팡후렛토와 아리마스까

1169. 등록 전에 여권을 가지고 오십시오. 문제가 없는지 체크하겠습니다.

登録の前にパスポートを持ってきてください。問題がないかチェックします。

도-로꾸노 마에니 파스포-토오 못떼 기떼 구다사이. 몬다이가 나이까 첵쿠시마스

1170. 1월에 당신의 비자는 만료됩니다. 만약 그 이상 체재하려면 반드시 연기를 해 주십시오.

一月にあなたのビザは期限切れになります。もしそれ以上滞在するのであれば、必ず延長をしてください。

이찌가쯔니 아나따노 비자와 키겡기레니 나리마스. 모시 소레 이죠- 타이자이스루노데아레바, 가나라즈 엔쬬-오 시떼 구다사이

1171. 보험은 어떻게 하면 들 수 있습니까?

保険はどうすれば入れますか。

호껭와 도-스레바 하이레마스까

1172. 기록을 남겨두어야 하니까 이 서류에 기입해 주시겠습니까?

記録を残しておきますから、この書類に記入していただけますか。

기로꾸오 노꼬시떼 오끼마스까라, 고노 쇼루이니 기뉴-시떼 이따다께마스까

1173. 아카데미 상담원과 만날 약속을 했습니까?

アカデミック・アドバイザーと会う約束をしましたか。

아카데믹쿠 · 아도바이자ー또 아우 약소꾸오 시마시다

1174. 관광 비자에서 학생비자로 바꾸려면 어떻게 하면 될까요?

観光ビザから学生ビザに切り替えるにはどのようにすればいいでしょうか。

강꼬ー비자까라 각세ー비자니 기리까에루니와 도노요ー니 스레바이ー데쇼ー까

1175. 여권을 분실했습니다. 어디에 신청해서 발행받으면 될까요? 그리고 비자의 재발행은 어디서 신청합니까?

パスポートをなくしました。どこに申請して発行してもらえばいいでしょうか。それから、ビザの再発行はどこで申請しますか。

파스포ー토오 나꾸시마시다. 도꼬니 신세ー시떼 학꼬ー시떼 모라에바 이ー데쇼ー까. 소레까라, 비자노 사이학꼬ー와 도꼬데 신세ー시마스까

1176. 노동허가증은 어떻게 얻습니까?

労働許可証はどのようにして入手しますか。

로ー도ー쿄까쇼ー와 도노요ー니 시떼 뉴ー슈시마스까

1177. 노동허가증 없이도 캠퍼스 안이라면 일할 수 있습니까?

労働許可証なしでもキャンパス内であれば働けますか。

로ー도ー쿄까쇼ー 나시데모 캄파스 나이데아레바 하타라께마스까

🗨 일본어시험을 신청할 때

1178. 여기가 일본어 어학원입니까?

こちらは日本語学校ですか。

고찌라와 니홍고 각꼬ー데스까

1179. 여기에 와서 일본어 시험을 받을 수속을 하라고 해서요.

こちらに来て日本語の試験を受ける手続きをするように言われました。

고찌라니 기떼 니홍고노 시껭오 우께루 데쓰즈끼오 스루요-니 이와레마시다

1180. 나는 심리학과 대학원생입니다.

わたしは心理学科の大学院生です。

와따시와 신리각까노 다이가꾸인세-데스

1181. 당신은 일본어시험을 받을 필요가 없습니다.

あなたは日本語の試験を受ける必要はありません。

아나따와 니홍고노 시껭오 우께루 히쯔요-와 아리마셍

1182. 당신은 다른 일본어시험을 받아야 합니다.

あなたは他の日本語の試験を受けなければなりません。

아나따와 호까노 니홍고노 시껭오 우께나께레바 나리마셍

1183. 나는 월요일 아침에 수험하겠습니다.

わたしは月曜日の朝に受験します。

와따시와 게쯔요-비노 아사니 쥬껜시마스

1184. 네, 시험은 9시에 시작되고 2시간 걸립니다.

はい、試験は9時から始まり、2時間かかります。

하이, 시껭와 쿠지까라 하지마리, 니지깡 가까리마스

1185. 동관 212호실에서 행해집니다.

東館の212号室で行われます。

도-깐노 니햐꾸쥬-니 고-시쯔데 오꼬나와레마스

1186. 인터뷰 시험은 수요일에 행해집니다. 그리고 이것이 비어 있는 시간입니다.

インタビュー試験は水曜日に行われます。そして、これが空いている時間です。

인타뷰-시껭와 스이요-비니 오꼬나와레마스. 소시떼, 고레가 아이떼 이루 지깐데스

지도교수와의 면담

1187. 10시 반에 약속했습니다.

10時半に約束をしています。

쥬-지한니 약소꾸오 시떼 이마스

1188. 지금 이야기할 수 있습니까?

いま、お話できますか。

이마, 오하나시 데끼마스까

1189. 등록 서류를 가지고 있습니까?

登録の書類を持っていますか。

도-로꾸노 쇼루이오 못떼 이마스까

1190. 5학과를 이수할 생각입니다. 그러나 선택필수 과목을 어떻게 이수하면 좋을지 모르겠습니다.

5クラス履修するつもりです。しかし、選択必修科目をどのように履修してよいかわかりません。

고 쿠라스 리슈-스루 쓰모리데스. 시까시, 센타꾸 힛슈-카모꾸오 도노요-니 리슈-시떼 요이까 와까리마셍

1191. 제안 좀 해 주시겠습니까?

アドバイスがありますか。

아도바이스가 아리마스까

1192. 글쎄요, 이 사회학이 좋다고 듣고 있습니다.

そうですね。この社会学はいいと聞いています。

소-데스네. 고노 샤까이가꾸와 이-또 기이떼 이마스

1193. 그럼, 그것을 이수하겠습니다.

じゃ、それを履修します。

쟈, 소레오 리슈-시마스

1194. 당신의 학생번호는 홀
수이니까, 봄학기에만
이수할 수 있습니다.

あなたの学生番号は奇数ですから、
春学期のみ履修できます。

아나따노 각세-방고-와 기스-데스까라, 하루각끼노미 리슈-
데끼마스

1195. 그 대신에 무얼 이수할
까요?

そのかわりに、何を履修しましょうか。

소노 가와리니, 나니오 리슈-시마쇼-까

1196. 저의 한국에서의 대학
학점을 어떻게 환산하
면 좋을까요?

韓国のわたしの大学の単位をどのよう
に換算すればよいでしょうか。

캉코꾸노 와따시노 다이가꾸노 당이오 도노요-니 칸산스레바 요
이데쇼-까

🗨 교수 연구실에서

1197. 잠시 이야기할 수 있습
니까?

しばらくお話できますか。

시바라꾸 오하나시 데끼마스까

1198. 학과에 대해 질문이 있
는데요.

クラスについて質問があるんですが。

쿠라스니 쓰이떼 시쯔몽가 아룬데스가

1199. 잠깐 이야기할 시간이
있습니까?

しばらく話をする時間がありますか。

시바라꾸 하나시오 스루 지깡가 아리마스까

1200. 미안합니다만, 지금은
바쁩니다.

すみませんが、今は忙しいです。

스미마셍가, 이마와 이소가시-데스

1201. 오후에 만나러 와 주겠
어요.

午後会いに来てくださいますか。

고고 아이니 기떼 구다사이마셍까

216

1202. 어제의 강의에 대해 질
☐ ☐ 문이 있습니다.

きのうの講義について質問があります。

기노-노 코-기니 쓰이떼 시쯔몽가 아리마스

1203. 오늘 내주신 숙제를 잘
☐ ☐ 모르겠습니다.

きょう出された宿題がよくわかりません
でした。

쿄- 다사레따 슈꾸다이가 요꾸 와까리마센데시다

1204. 다시 한 번 설명해 주시
☐ ☐ 겠습니까?

もう一度説明していただけますか。

모- 이찌도 세쯔메-시떼 이따다께마스까

🗨 비자를 연장할 때

1205. 나의 비자는 1개월 후
☐ ☐ 기한이 끝납니다.

わたしのビザはあと一カ月で期限が切
れます。

와따시노 비자와 아또 익까게쯔데 키겡가 기레마스

1206. 체재를 연장하고 싶은
☐ ☐ 데요.

滞在を延長したいんですが。

타이자이오 엔쬬-시따인데스가

1207. 체재를 연장하려면 어
☐ ☐ 떻게 하면 좋을까요?

滞在を延長するにはどうしたらいいで
すか。

타이자이오 엔쬬-스루니와 도-시따라 이-데스까

1208. 학생증을 보여 주시겠
☐ ☐ 습니까?

学生証を拝見できますか。

각세-쇼-오 하이껜 데끼마스까

1209. 왜 체재를 연장하는 겁
□□ 니까?

なぜ滞在を延長するんですか。
나제 타이자이오 엔쬬―스룬데스까

실전대화를 해보세요.

A : 論文に関して質問があります。
롬분니 칸시떼 시쯔몽가 아리마스.

しばらく話をする時間がありますか。
시바라꾸 하나시오 스루 지깡가 아리마스까

B : はい、どうぞ。お入りください。座ってください。
하이, 도―조. 오하이리 구다사이. 스왓떼 구다사이

A : ありがとうございます。きょう、出された論文がよくわ
かりませんでした。다시 한 번 설명해 주시겠습니까?
아리가또― 고자이마스. 쿄―, 다사레따 롬붕가 요꾸 와카리마센데시다. 모― 이찌도 세쯔메―
시떼 이따다께마스까

B : もちろん。
모찌롱

A : 논문에 관해 질문이 있습니다. 잠시 이야기할 시간이 있습니까?

B : 네, 들어오세요. 앉아요.

A : 감사합니다. 오늘 내주신 논문을 잘 모르겠습니다. もう一度説明していた
だけますか。

B : 물론이죠.

직접 쓰고 읽어보세요.

여기가 일본의 어학원입니까?

➡

218

Part

8

트러블

분실·도난

STEP 1 이것만은 꼭 알아두세요.

일본은 우리나라처럼 치안 유지가 매우 잘 되어 있는 나라지만, 만약을 대비해서 여기에 나와 있는 표현을 잘 익혀 두면 위급할 때 유용하게 쓸 수 있습니다. 예를 들어 여권이나 귀중품을 분실하거나 도난을 당했다면 먼저 호텔의 프런트에 가서 사정을 말하거나 도움을 받아 경찰에 신고를 하고 도난증명서를 발급받습니다. 이것은 재발행이나 보험을 청구할 때 필요하기 때문입니다. 여행을 떠나기 전에 미리 여권의 발행 연월일, 번호, 발행지 등은 수첩에 메모를 해두고 예비 사진 2장도 준비해두는 것도 잊지 않도록 합시다.

STEP 2 여러 번 듣고 소리내어 반복해서 읽어보세요.

🗨 호텔에서

1210. 제 핸드백을 잃어버렸
□□ 습니다.

私はハンドバッグをなくしてしまいました。

와따시와 한도박구오 나꾸시떼 시마이마시다

1211. 이곳에 한국어를 할 수
□□ 있는 사람은 있습니까?

こちらに韓国語の話せる人がいますか。

고찌라니 캉코꾸고노 하나세루 히또가 이마스까

1212. 어디에서 잃어버렸습니
□□ 까?

どこでなくしましたか。

도꼬데 나꾸시마시다까

1213. 이 카운터 위에 놓았는
□□ 데요.

このカウンターに置いたんですが。

고노 카운타ー니 오이딴데스가

1214. 가방은 무슨 색입니까?
□□

バッグは何色ですか。

박구와 나니이로데스까

1215. 짙은 갈색입니다.
□□

濃い茶色です。

코이 챠이로데스

1216. 언제 분실했습니까?
□□

いつ紛失したのですか。

이쯔 훈시쯔시따노데스까

1217. 약 10분 전입니다.
□□

ほんの10分ほど前です。

혼노 쥼뿡호도 마에데스

1218. 당신의 지갑은 어느 정도의 크기입니까?

あなたのバッグはどのくらいの大きさですか。

아나따노 박구와 도노쿠라이노 오-끼사데스까

1219. 어디에서 잃어버렸는지 기억이 없습니다.

どこでなくしたか、覚えていません。

도꼬데 나꾸시따까, 오보에떼 이마셍

1220. 만일 찾으면 101호실로 전화해 주시겠습니까?

もし見つかったら、101号室まで電話してくださいますか。

모시 미쓰깟따라, 햐꾸이찌 고-시쯔마데 뎅와시떼 구다사이마스까

🗨 상점에서 소지품을 분실했을 때

1221. 어젯밤 그쪽 가게에 갈색 지갑을 두고 왔는데요.

昨晩そちらの店に茶色の財布を忘れたんですが。

사꾸반 소찌라노 미세니 챠이로노 사이후오 와스레딴데스가

1222. 정오쯤 카운터 근처에서 검은 서류가방을 보지 못했습니까?

昼頃レジの近くに黒のブリーフケースはなかったですか。

히루고로 레지노 치카꾸니 쿠로노 부리-후케-스와 나깟따데스까

1223. 성함과 전화번호를 남겨 주세요. 만약 찾으면 전화 드리겠습니다.

お名前と電話番号を教えてください。もし見つかれば電話いたします。

오나마에또 뎅와 방고-오 오시에떼 구다사이. 모시 미쓰까레바 뎅와 이따시마스

1224. 지갑에는 무엇이 들어 있습니까?

財布には何が入っていましたか。

사이후니와 나니가 하잇떼 이마시다까

1225. 신용카드와 5만 엔 정도 들어 있습니다.

クレジットカードと5万円ほど入っていました。

쿠레짓토 카-도또 고망엔 호도 하잇떼 이마시다

1226. 지갑을 맡아두고 있습니다.

財布をお預かりしています。

사이후오 오아즈까리시떼 이마스

1227. 30분 후에 찾아뵙겠습니다.

30分後におうかがいします。

산집뿐고니 오우까가이시마스

1228. 기다리고 있겠습니다.

お待ちしています。

오마찌시떼 이마스

1229. 10분쯤 전에 신용카드를 잃어버렸는데요.

10分ほど前にクレジットカードを忘れたんですが。

집뿐호도 마에니 쿠레짓토카-도오 와스레딴데스가

1230. 어느 신용카드입니까?

どのクレジットカードですか。

도노 쿠레짓토카-도데스까

🗨 분실물 취급소에서

1231. 가방을 잃어버렸습니다.

バッグを紛失しました。

박구오 훈시쯔시마시다

1232. 어디에서 잃어버렸습니까?

どこでなくしましたか。

도꼬데 나꾸시마시다까

1233. 대합실입니다.
待合室です。
마찌아이시쯔데스

1234. 어떤 가방입니까?
どのようなバッグですか。
도노요-나 박구데스까

1235. 이 정도 크기이고 색은 녹색입니다.
これぐらいの大きさで、色は緑です。
고레 구라이노 오-끼사데, 이로와 미도리데스

1236. 어디에 두었습니까?
どこに置きましたか。
도꼬니 오끼마시다까

1237. 안에 무엇이 들어 있습니까?
中に何が入っていましたか。
나까니 나니가 하잇떼 이마시다까

1238. 여행자수표, 신용카드, 현금과 여권입니다.
トラベラーズチェック、クレジットカード、現金とパスポートです。
토라베라-즈첵쿠, 쿠레짓토카-도, 겡낑또 파스포-토데스

1239. 이 서류에 기입해 주십시오. 만일 찾으면 연락 드리겠습니다.
この書類に記入してください。もし見つかればご連絡いたします。
고노 쇼루이니 기뉴-시떼 구다사이. 모시 미쓰까레바 고렌라꾸 이따시마스

🗨️ 경찰서에서

1240. 경찰서는 어디입니까?
警察署はどこですか。
케-사쯔쇼와 도꼬데스까

224

1241. 소매치기를 당했습니다. □ □

スリにあいました。

스리니 아이마시다

1242. 어디에서 소매치기를 당했습니까? □ □

どこでスリにあいましたか。

도꼬데 스리니 아이마시다까

1243. 가방을 도난당했습니다. □ □

わたしのバッグが盗まれました。

와따시노 박구가 누스마레마시다

1244. 언제 어디에서 도난당했습니까? □ □

いつどこで盗まれましたか。

이쯔 도꼬데 누스마레마시다까

1245. 가방에는 무엇이 들어 있습니까? □ □

バッグには何が入っていましたか。

박구니와 나니가 하잇떼 이마시다까

1246. 지갑에는 현금과 여행 자수표가 들어 있습니다. □ □

財布には現金とトラベラーズチェックが入っていました。

사이후니와 겡낀또 토라베라ー즈첵꾸가 하잇떼 이마시다

1247. 신용카드, 보험증과 운전면허증도 들어 있습니다. □ □

クレジットカード、保険証と運転免許証も入っていました。

쿠레짓토카ー도, 호껜쇼ー또 운뗌멩꾜쇼ー모 하잇떼 이마시다

1248. 보험 신고를 위해 경찰의 도난신고가 필요합니다. □ □

保険の申告のために警察の盗難届けが必要です。

호껜노 싱코꾸노 다메니 케ー사쯔노 토ー난토도께가 히쯔요ー데스

1249. 여기에 기입한 후에 그 복사본을 드리겠습니다.

これに記入したあとに、そのコピーをさしあげます。

고레니 기뉴-시따 아또니, 소노 코피-오 사시아게마스

🗨 신용카드 재발행

1250. 소매치기를 당해서 신용카드를 도난당했습니다.

スリにあい、クレジットカードを盗まれました。

스리니 아이, 쿠레짓토카-도오 누스마레마시다

1251. 성함과 신용카드 번호와 유효기한을 말씀해 주십시오.

名前、クレジットカードの番号と有効期限をお願いします。

나마에, 쿠레짓토카-도노 방고-또 유-꼬- 키겡오 오네가이시마스

1252. 마지막으로 사용한 것은 언제입니까?

最後に使用したのはいつですか。

사이고니 시요-시따노와 이쯔데스까

1253. 영수증을 가지고 계십니까?

控えをお持ちですか。

히까에오 오모찌데스까

1254. 이번 주 카드를 사용한 장소와 금액을 알려 주십시오.

今週カードを使用した場所と金額をお知らせください。

곤슈-카-도오 시요-시따 바쇼또 킹가꾸오 오시라세 구다사이

1255. 당신 카드를 정지시키고 재발행 하겠습니다.

あなたのカードをストップし、再発行します。

아나따노 카-도오 스톱푸시, 사이학꼬-시마스

1256. 공항의 저희 회사 카운
터에서 받으십시오.

空港の当社のカウンターで受け取ってく
ださい

쿠-꼬-노 도-샤노 카운타-데 우께톳떼 구다사이

STEP 3 실전대화를 해보세요.

A : ブリーフケースをなくしました。

부리-후케-스오 나꾸시마시다

B : 어디에서 분실했습니까?

도꼬데 나꾸시마시다까

A : 1番プラットフォームでです。

이찌밤 푸랏토훠-무데데스

B : どのようなブリーフケースですか。

도노요-나 부리-후케-스데스까

A : これくらいの大きさで、色は茶色です。

고레 쿠라이노 오-끼사데, 이로와 챠이로데스

A : 서류 가방을 분실했습니다.

B : どこでなくしましたか。

A : 1번 플랫폼입니다.

B : 어떤 서류가방입니까?

A : 이만한 크기이고 색은 갈색입니다.

STEP 4 직접 쓰고 읽어보세요.

이곳에 한국어를 할 수 있는 사람은 있습니까?

➡

227

질병·부상

STEP 1 이것만은 꼭 알아두세요.

여행을 가거나 아니면, 현지에서 생활할 때 몸이 아프거나 다치면
무척 당혹스럽습니다. 더구나 말이 통하지 않으면 증상에 대해 잘
설명할 수 없기 때문에 이럴 때는 현지 가이드의 통역을 받는 것
이 가장 손쉬운 일이지만, 혼자일 경우에는 아픈 증상을 정확하게
전달할 수 있는 의사소통의 능력을 어느 정도 갖춰야 합니다. 만
약 여행 중에 몸이 아프면 호텔 프런트에 전화를 해서 医者を呼
んでください(이샤오 욘데 구다사이/의사를 불러주세요)라고 도
움을 청하도록 합시다.

STEP 2 여러 번 듣고 소리내어 반복해서 읽어보세요.

💬 호텔에서

1257. (전화로) 의사를 불러 주시겠습니까?

医者を呼んでくださいますか。

이샤오 욘데 구다사이마스까

1258. 한국어를 할 줄 아는 의사는 있습니까?

韓国語のできる医者はいますか。

캉코꾸고노 데끼루 이샤와 이마스까

1259. 구급차를 불러 주십시오.

救急車を呼んでください。

큐-뀨-샤오 욘데 구다사이

1260. 부탁이니까, 빨리 내 팔을 붕대로 감아 주십시오.

お願いですから、わたしの腕に早く包帯を巻いてください。

오네가이데스까라, 와따시노 우데니 하야꾸 호-따이오 마이떼 구다사이

1261. 무슨 일입니까?

どうされましたか。

도- 사레마시다까

1262. 귀에서 소리가 납니다.

耳鳴りがします。

미미나리가 시마스

1263. 숨쉬기가 어렵습니다.

息苦しい感じがします。

이끼구루시- 칸지가 시마스

1264. 고열이 있고 두통이 납 니다.

高熱があり、頭痛がします。

코ー네쯔가 아리, 즈쯔ー가 시마스

1265. 보험에 들어 있습니다.

保険に入っています。

호껜니 하잇떼 이마스

1266. 지금 체온은 몇 도입니 까?

今の体温は何度ですか。

이마노 타옹와 난도데스까

1267. 섭씨 39도입니다.

せっ氏39度です。

셋시 산쥬ー큐ー도데스

1268. 의사를 당신 방으로 가 능한 한 빨리 보내겠습 니다.

医者をあなたの部屋へできるだけ早く 行かせます。

이샤오 아나따노 헤야에 데끼루다께 하야꾸 이까세마스

1269. 시간은 얼마나 걸립니 까?

時間はどのくらいかかりますか。

지깡와 도노쿠라이 가까리마스까

🗨 거리에서 다쳤을 때

1270. 어떻게 된 겁니까?

どうされましたか。

도ー 사레마시다까

1271. 넘어졌습니다.

ころびました。

고로비마시다

230

1272. 계단에서 넘어졌습니다.

階段から落ちました。

가이당까라 오찌마시다

1273. 발을 다쳐서 혼자서 걸을 수 없습니다.

足をけがして、一人で歩けないのです。

아시오 케가시떼, 히또리데 아루께나이노데스

1274. 발목을 삔 것 같습니다.

足首をねんざしたようです。

아시쿠비오 넨자시따요−데스

1275. 데었습니다.

やけどをしました。

야께도오 시마시다

1276. 팔을 다쳤습니다.

腕にけがをしました。

우데니 케가오 시마시다

1277. 오른쪽 다리가 부러진 것 같습니다.

右足が折れたみたいです。

미기아시가 오레따 미따이데스

1278. 피가 납니다.

出血しています。

슉케쯔시떼 이마스

1279. 이 근처가 아픕니다.

このあたりが痛みます。

고노 아따리가 이따미마스

1280. 구급차를 부를까요?

救急車を呼びましょうか。

큐−뀨−샤오 요비마쇼−까

1281. 가장 가까운 응급병원
은 어디입니까?

いちばん近い救急病院はどこですか。

이찌반 치까이 큐-뀨-뵤-잉와 도꼬데스까

🗨 치과 예약을 할 때

1282. 이가 아픕니다.

歯が痛いです。

하가 이따이데스

1283. 충치인 것 같습니다.

虫歯だと思います。

무시바다또 오모이마스

1284. 치과의사에게 보여줄
필요가 있습니까?

歯医者に見ていただく必要がありますか。

하이샤니 미떼 이따다꾸 히쯔요-가 아리마스까

1285. 이 근처에 치과의사는
있습니까?

この近くに歯医者はありますか。

고노 치카꾸니 하이샤와 아리마스까

1286. 치과의사를 소개해 주
시겠습니까?

歯医者を紹介していただけますか。

하이샤오 쇼-까이시떼 이따다께마스까

1287. 전화로 예약할 필요가
있습니다.

電話で予約する必要があります。

뎅와데 요야꾸스루 히쯔요-가 아리마스

1288. 전화해서 예약할까요?

電話して、予約しましょうか。

뎅와시떼, 요야꾸시마쇼-까

1289. 당신의 보험은 치과 치료에도 적용됩니까?

あなたの保険は歯の治療も適用されますか。

아나따노 호껭와 하노 치료-모 테끼요-사레마스까

🗨 병원에서

1290. 야마다 박사를 2시에 예약했습니다.

山田博士を2時に予約してあります。

야마다 하까세오 니지니 요야꾸시떼 아리마스

1291. 보험은 있습니까?

保険はありますか。

호껭와 아리마스까

1292. 예, 보험카드 여기 있습니다.

はい、これが保険のカードです。

하이, 고레가 호껭노 카-도데스

1293. 이 보험은 여기에서는 취급하지 않습니다.

この保険はここでは取り扱っていません。

고노 호껭와 고꼬데와 도리아쓰깟떼 이마셍

1294. 현금으로 지불하시고 보험회사에서 환불 받으십시오.

現金でお支払になって、保険会社から払い戻しを受けてください。

겡낀데 오시하라이니 낫떼, 호껭가이샤까라 하라이모도시오 우케떼 구다사이

1295. 아뇨, 현금으로 지불할 생각입니다.

いいえ、現金で支払うつもりです。

이-에, 겡낀데 시하라우 쓰모리데스

1296. 응급인 경우 연락처는 어디입니까?

緊急の場合の連絡先はどちらですか。

깅뀨-노 바아이노 렌라꾸사끼와 도찌라데스까

💬 증상을 설명할 때

1297. 오늘은 어떻습니까?

きょうはどうされました。

쿄ー와 도ー사레마시다

1298. 열이 있고 기침이 납니다.

熱があり、せきが出ます。

네쯔가 아리, 세끼가 데마스

1299. 목이 아픕니다.

のどが痛みます。

노도가 이따미마스

1300. 허리가 아픕니다.

腰が痛いです。

고시가 이따이데스

1301. 배에 심한 통증이 있습니다.

胃にはげしい痛みがあります。

이니 하게시ー 이따미가 아리마스

1302. 유행성 독감에 걸린 것 같습니다.

流感にかかったみたいです。

류ー깐니 가깟따 미따이데스

1303. 두통이 납니다.

頭痛がします。

즈쯔ー가 시마스

1304. 토할 것 같습니다.

吐きそうです。

하끼소ー데스

1305. 열이 있는 것 같습니다.

熱があるようです。

네쯔가 아루요ー데스

234

1306. 오래 걸으면 무릎이 아픕니다.

長い間歩いていると、ひざが痛みます。

나가이 아이다 아루이떼 이루또, 히자가 이따미마스

1307. 얼마나 자주 두통이 납니까?

どれくらいおきに頭痛がしますか。

도레쿠라이 오끼니 즈쓰―가 시마스까

1308. 이런 증상은 이전에도 있었습니까?

このような症状は以前にもありましたか。

고노요―나 쇼―죠―와 이젠니모 아리마시다까

🗨 치료에 대해 상의할 때

1309. 기침 멈추는 약을 처방하죠.

咳止めの薬を処方しましょう。

세끼도메노 구스리오 쇼호―시마쇼―

1310. 이것을 4시간 간격으로 드십시오.

これを4時間おきに飲んでください。

고레오 요지깐 오끼니 논데 구다사이

1311. 이것은 폐를 깨끗이 하는 데 도움이 됩니다.

これは肺をきれいにするのに役立ちます。

고레와 하이오 기레이니 스루노니 야꾸다찌마스

1312. 혈액검사도 해 주셨으면 합니다만.

血液検査もしていただきたいんですが。

게쯔에끼 켄사모 시떼 이따다끼따인데스가

1313. 알레르기 체질입니까?

アレルギー体質ですか。

아레루기― 타이시쯔데스까

235

1314. 지금까지 그런 일은 없습니다. 　今までそんなことはないです。
いま
이마마데 손나 고또와 나이데스

1315. 여행은 계속할 수 있습니까? 　旅行は続けられますか。
りょこう　つづ
료꼬—와 쓰즈께라레마스까

STEP 3 　실전대화를 해보세요.

A : どうされましたか。
도— 사레마시다까

B : 足をけがしました。出血しています。
あし　　　　　　しゅっけつ
아시오 케가시마시다. 슉케쯔시떼 이마스

A : 구급차를 부를까요?
큐—뀨—샤오 요비마쇼—까

B : もしタクシーを呼んでいただければ、救急病院に行ける
よ　　　　　　　　　　きゅうきゅうびょういん　い
と思います。
おも
모시 타쿠시—오 욘데 이따다께레바, 큐—뀨—뵤—인니 이께루또 오모이마스

A : 어떻게 된 겁니까?

B : 다리를 다쳤습니다. 피가 납니다.

A : 救急車を呼びましょうか。
きゅうきゅうしゃ　よ

B : 만약 택시를 불러주시면 구급병원에 갈 수 있을 것 같습니다.

STEP 4 　직접 쓰고 읽어보세요.

의사를 불러 주시겠습니까?

➡

MEMO

MEMO